남자 주인공에겐 없다

재미있는 영화 클리셰 사전

듀나 지음

클리셰라는 것

1999년, 전 제 인터넷 게시판에 '클리셰 사전'이라는 섹션을 만들었습니다. 장르물을 쓰는 작가이고 장르 영화와 소설의 팬이었던 저는 장르물에 대한 토의에서 장르 관습이 오해되고 과대평가되거나 과소평가받는 것이 짜증 났습니다. 당시는 〈매트릭스 The Matrix, 1999〉에 대한 토론에 끼어든 인문학자들이 자기가 마치 처음 발견한 것인 양, 가상 현실과 장자의 호접몽을 비교하던 때였습니다. 그래서 한 번 이 진부한 관습들이 어떤 것인지 하나씩 설명하고 싶다는 생각이 들었습니다.

그러니까 이 책에 실린 글들은 대부분 십여 년 전에 쓰인 것들입니다. 당시만 해도 클리셰는 한국어 일상어에서 그렇게까지 잘 쓰이지 않은 단어라 심지어 클리셰가 무엇인지도 설명해야 했지요. 지금 같으면 다른 단어를 썼을 것 같기도 합니다.

출판을 목적으로 한 글이 아니라 이 글들은 조금 괴상합니다. 전 일단 독자들을 전혀 고려하지 않고 글을 썼어요. 여기 실린 사례들은 옛날 것들이기도 하지만 그냥 저의 경험을 반영한 것입니다. 남들이 별로 안 보았을 것 같은 텔레비전 시리즈나 영화가 많이 등장했던 것도 그 때문이죠. 진짜 진지한 사전을 의

도하지도 않았어요. 쓰면서 전 이 사전이 보르헤스가 언급한 우스꽝스러운 중국 백과사전과 비슷한 모양이 될 거라고 생각했습니다.

어쩔 수 없이 원고 일부는 수정할 수밖에 없었습니다. 어떤 글은 최근 사례로 바꾸었습니다. 어떤 글들은 20년 전에 제가 갖고 있던 편견이 너무나도 적나라하게 드러나서 수정했습니다. 어슐러 르 귄은 의견이 바뀐 뒤 과거의 글을 출판할 때 원래 글을 고치지 않고 그 옆에 그 글을 비판한 새 글을 추가했지만, 전 제 글이 그렇게까지 소중하거나 그렇지는 않습니다. 그 때문에 종종 글이 과거와 현재의 조각들로 겹쳐진 프랑켄슈타인의 괴물 비슷해지긴 했습니다만.

밑은 과거 제가 '클리셰라는 것'이라는 제목을 달고 썼던 글입니다. 당시엔 얼마나 나이브했었는지.

이 섹션에서는 '클리셰 Cliché'라는 외래어를 제목으로 달고 있습니다. 유감스럽게도 잘 쓰이지 않는 단어라, 설명 없이 달아 놨더니 꽤 많은 오해를 불러일으키고 있어요. 지금까지 해설 없이 버티려고 했지만, 계속 이러다간 일이 더 커질 것 같습니다. 간단하게 구별할 건 구별하고 정의할 건 정의해야겠어요.

우선 클리셰가 학문적 용어가 아니라는 점부터 짚고 넘어가 야겠습니다. 이 페이지에서도 어떤 학술적인 용도로 쓰이고 있 지 않고요. 이 단어는 그냥 일상어의 일부입니다. 단지 적절한 번역어를 찾을 수 없어서 그냥 불어 단어를 그대로 쓰고 있는 것일 뿐이에요. (어떤 분은 '진부함'을 쓰는 게 어떠냐고 제의하셨지만 아무래도 의미가 축소됩니다. '진부함 사전'이란 말도 어색하고요) 이 단어가 지독하게 잰 척하는 것처럼 보인다면… 내 탓이오, 내 탓이오, 내 큰 탓이로소이다.

어원, 네, 어원부터 짚고 넘어가 보죠. 클리셰는 19세기의 인 쇄 용어에서 출발했습니다. 클리셰는 당시 인쇄공들이 활자판 에 쉽게 끼워 넣을 수 있도록 미리 만들어놓은 조판이었습니다. 이게 19세기 말부터 보편적인 의미, 그러니까 별로 노력하지 않 고 집어넣은 진부한 문구나 생각, 개념을 비유하는 말로 쓰이기 시작했습니다. 그게 오늘날까지 이른 것이지요.

다시 정리합니다. 현대어에서 클리셰란 무엇일까요? 그건 예전에는 독창적이었고 나름대로 진지한 의미를 지녔으나 지금은 생각 없이 반복되고 있는 생각이나 문구, 영화적 트릭, 그 밖의 기타 등등입니다.

반복된다는 것만으로는 클리셰라고 할 수 없습니다. 원래 우리는 그렇게 독창적인 존재가 아닙니다. 전도서의 저자가 말했듯이 하늘 아래 새로운 것은 없으니까요. 아직도 수많은 영화와 소설 속에서 수많은 사람들이 수없이 되풀이된 방식으로 사랑에 빠지고 결혼하고 이혼하지만 그걸 보고 클리셰라고 할 수는 없는 법입니다. 수없이 보고 들은 내용을 되풀이할 뿐이지만 〈밀회〉는 얼마나 강렬한 영화인가요.

클리셰의 특징은 '자기 생각 없이' 반복한다는 것입니다. 수많은 클리셰들이 장르 안에서 반복되는 것도 이 때문이라고 할 수 있지요. 진부한 작품 속에서는 진짜 정서와 아이디어 대신 공식과 규칙이 돌아다닙니다.

공식과 규칙 자체 때문에 작품이 따분해지는 것은 아닙니다. 클리셰의 생각 없는 차용이 따분한 이유는 그것이 기성품이기 때문이 아니라 진실성이 없기 때문입니다. 클리셰의 대부분은 말라붙은 배설물처럼 살아 숨 쉬는 진실성에서 떨어져 있습니다.

그렇다고 해서 클리셰가 쓸모없다는 것은 아닙니다. 진부함에는 나름대로의 매력이 있으니까요. 많은 장르 영화 관객들은 클리셰를 오히려 매력으로 받아들입니다. 그들에게 그것은 일종의 제식입니다.

많은 뛰어난 장르 작가들에게도 클리셰는 매력적입니다. 그들은 이 사랑스럽게 진부한 공식들을 멋대로 뜯어고치거나 아니면 극단적으로 충실하게 따라가며 즐깁니다. 놀이터는 충분합니다!

이 페이지에서는 될 수 있는 한 클리셰라는 단어를 넓게 해석하며 대상들을 다룰 겁니다. 어떤 경우에는 애정 섞인 회상이 될 것이고 어떤 경우에는 구토 증세를 말들로 간신히 옮긴 것이 되겠지요. 그러나 바닥에 숨겨진 공통된 메시지가 있습니다. 클리셰를 독창성으로 착각하지 말고 클리셰로 받아들이라는 것입니다.

"

환기구는 작게 만들어
네가 잡은 주인공이 빠져나가니까

악당이 인테리어할 때 참고해야 할 조언

목차

일러두기 _표기법

영화	〈캐롤 Carol, 2015〉
도서	「우주전쟁 The War of the Worlds, 1898」
음악	[로미오와 줄리엣 – 환상 서곡 Romeo & Juliet-Fantasy Overture]
드라마	〈L 워드 The L Word, 2004-2009〉 〈순풍 산부인과 1998-2000〉 〈보건교사 안은영 2020〉
대명사	'심슨 가족', 〈미션 임파서블〉
에피소드 표기	다섯 번째 시즌, 01화 '에픽' 에피소드

검시관의 간식

제목만으로도 내용이 충분히 설명되는 클리셰입니다. 한마디로 처참한 시체들에 익숙해질 대로 익숙해진 검시관이나 교수가 비위 약한 주인공 앞에서 태평스럽게 간식이나 점심을 먹는다는 거죠. 보통은 샌드위치지만, 징그러운 모양의 육식을 택하는 경우도 있습니다.

도대체 왜 먹느냐고요? 물론 배가 고파서죠. 하지만 진짜 이유는 옆에서 막 토하기 직전에 있는 주인공을 놀려대기 위해서입니다. 일종의 전문가 마초주의죠. 이건 검시관이 여자이고 주인공이 남자여도 달라지지 않습니다. 〈엑스 파일〉 시리즈의 예의 바른 스컬리는 멀더를 그렇게까지 심하게 놀려대지는 않았지만, 그래도 여전히 역학관계는 남아있었죠. 시체에서 떼어낸 내장을 저울에 올려놓으면서도 태평한 스컬리와 시체를 보고 새파랗게 겁에 질린 멀더의 모습은 우리도 꽤 자주 보지 않았어요?

'검시관의 간식'은 음식과 시체라는 어울리지 않는 조합을 통해 그로테스크한 역겨움을 연출하려는 농담이지만 보다 깊은 뜻도 있습니다. 아무리 사람이 처참하게 죽는다고 해도 세상은 여전히 돌아가고 그 죽음 역시 당연한 일상의 일부분이라는 거죠. 죽음과 시체를 평범한 일과로 여기는 무덤덤한 전문가의 일상을 보여주는 것만큼 이 주제를 분명히 드러내는 방법은 없어요.

예전에 〈해부학교실 2007〉에서 이 농담을 봤어요. 처음엔 시체에 겁을 먹고 덜덜 떨던 뚱뚱한 조연이 나중엔 빵을 들고 와서 게걸스럽게 먹더군요. 그런 농담이 나올 줄 알았고 심지어 그 농담을 그 캐릭터가 선보일 거라는 것까지 예측할 수 있었기 때문에 코미디의 힘은 전혀 느낄 수 없었지만요.

광선총

광선총은 총알 대신 전자기파나 입자 빔을 발사하는 휴대용 무기입니다. 주로 SF물의 주인공들이 많이 가지고 다니죠. 이 무기가 가장 먼저 사용된 현대 SF는 아마 허버트 조지 웰즈의 「우주전쟁 The War of the Worlds, 1898」일 것입니다. 화성인들이 지구인들을 학살할 때 이와 비슷한 무기를 썼지요. 그 뒤에 테슬라 선생의 연구가 있었고 레이저라는 발명품이 나오자 현실 세계에서도 이런 무기가 정말로 만들어질 줄 알았습니다. 그 뒤로 꾸준히 연구가 진행되어 왔고요. 현실 세계에서는 지향성 에너지 무기(Directed-energy weapon)라고 합니다. SF광들에겐 미안한 말이지만 SF에 나오는 광선총이 나오려면 멀었습니다. 걸리는 게 아직 많은 물건들이라서요. 테크놀로지가 조금 더 발전하면 또 모르겠지만.

SF에 나오는 광선총은 현실 세계의 물리학과 거의 관계가 없는 환상의 무기입니다. 이들은 우리 눈에 잘 보일 리가 없는 진짜 광선을 발사하는 대신 빛나는 막대기 같은 걸 쏴요. 그 막대기는 너무나도 느려서 앞으로 날아가는 것을 맨눈으로 볼 수 있을 정도입니다. 아마 그 막대기는 〈스타워즈〉 시리즈의 제다이 광선검에서 튀어나오는 것과 비슷한 종류일지도 모르겠습니다. 물론 광선검의 막대기와 광선총의 막대기가 부딪히면 광선총 막대기가 튕겨나갑니다. 요란한 소리를 내면서요.

광선총이 이 장르에 도입된 건 일반적인 총기에 비해 훨씬 미래적인 냄새가 나기 때문입니다. 초광속 우주선을 타고 다니며 외계인들을 때려잡는 세상인데 언제까지 총알과 화약을 쓸 수는 없죠. 당연히 무기를 개선해야 하는데, 20세기 당시 사람들의 상상력으로 가장 손쉽게 발명할 수 있었던 것이 광선총이었습니다. 물리학은 중요하지 않았습니다. 극적인 목적에만 충실하면 되었죠.

현대 SF 장르에서 광선총은 여전히 활용되고 있습니다. 여전히 표현은 많이 황당하고요. 하지만 이전처럼 미래 전쟁 시장을 독점하고 있지는 않아요. 이미 그 존재 자체가 클리셰화되었고 그동안 광선총보다 현실적이면서도 보다 파괴력 있는 무기들이 개발되었거든요. 광선총이라는 이름을 그대로 쓰는 작품들도 거의 없고요. 현대 장르 애호가들에게 '광선총'은 무시무시한 무기보다는 50년대의 향수를 자극하는 복고적 장난감의 이미지에 가깝습니다.

03

구식 공룡

공룡은 수억 년 전 실제로 존재했던 생물이지만 그와 동시에 상상력의 산물이기도 합니다. 1822년 멘텔 부부가 이구아노돈의 화석을 발견한 뒤부터, 우리가 알고 있는 공룡의 모습은 조금씩 바뀌어갔지요. 처음엔 둔한 도마뱀과 같았던 것들이 두 발 달린 장대한 탑과 같은 괴물로 변했다가 갑자기 몸을 수그리기 시작하더니 요새는 깃털까지 달고 있습니다. 지금 우리가 알고 있는 공룡의 모습도 언제 바뀔지 몰라요. 〈쥬라기 공원 Jurassic Park, 1993〉의 공룡들이 벌써 낡았지요. 요새 고생물학자들은 벨로시랩터의 몸에 깃털이 나 있었다고 믿고 있으니까요.

고생물학자들이야 새로운 연구 결과에 따라 이미지를 수정하면 그만입니다. 하지만 그러는 동안 퇴출된 옛 이미지들은 처리하기가 상당히 힘들어요. 옛 이미지에 익숙해진 대중들이 그걸 차마 버리지 못하거든요. 꼿꼿하게 서서 꼬리를 끌고 다니는 옛 티라노사우루스의 이미지에 익숙해진 사람들은 상체를 수그리고 꼬리를 들어 시소처럼 움직이는 티라노사우루스가 싱겁다고 생각합니다. 작가 레이 브래드베리 같은 사람들은 '변비에 걸린 것 같다'라는 악담을 하기도 하죠.

브래드베리가 아무리 요새 공룡 모습을 싫어해도 탑처럼 서서 걷고 뱀처럼 고개를 들고 다니던 옛 공룡들은 영화 세계에서 사라져가고 있습니다. 오리지널 〈킹콩 King Kong, 1933〉과 피터 잭슨의 〈킹콩 King Kong, 2005〉을 갈라놓는 가장 큰 차이점도 킹콩보다는 공룡들의 묘사에 있으니까요. 하긴 아무리 맘에 들지 않는다고 해서 고생물학의 연구 결과를 무시하는 건 옳은 일이 아니죠. 게다가 〈쥬라기 공원〉 이후 사람들은 슬슬 새로운 공룡의 모습에 익숙해져가고 있으니까요. 공룡 장난감 코너에 가도 깃털 달린 공룡 장난감들이 이전보다 많아졌어요.

그래도 스톱 모션 애니메이션 전성기의 주역인 선구자 윌리스 오브라이언과 레이 해리하우젠의 공룡은 여전히 사람들의 기억 속에서 생명력을 유지할 겁니다. 단지 미래의 관객들은 레이 브래드베리와 같은 사람들과는 다른 방식으로 이들을 바라보겠죠. 이들은 해리하우젠의 공룡을 용과 같은 허구의 존재로 받아들이지 않을까요?

04
귀신 들린 피아노

유령들이 가장 좋아하는 악기는 무엇일까요? 두 번 생각할 필요도 없습니다. 피아노니까요. 세상엔 피아노 치는 유령에 대한 영화들과 소설들로 넘쳐납니다.

왜 피아노만 그렇게 인기가 있는 것일까요? 우선 피아노는 많이 보급되어 있습니다. 피아노를 치는 사람들은 바이올린이나 플루트를 연주하는 사람들보다 많습니다. 사람들의 비율이 그렇다면 유령들의 비율도 그렇겠죠.

덩치가 커서 가구 취급을 받으며 대대로 집과 함께 대물림된다는 것도 이유가 됩니다. 바이올린이나 첼로와 같은 악기는 주인이 죽으면 다른 사람들에게 팔리거나 장식장이나 창고에 처박히겠지만 피아노는 언제나 좋은 자리를 차지하며 버티고 서 있죠. 유령들이 리사이틀하기 딱 좋습니다.

자세도 잘 나옵니다. 유령이 첼로를 연주하려면 힘이 꽤 들지요. 첼로를 몸으로 지탱하고 활을 들어 켜야 하는데, 유령한테 그게 쉬울 리가 없습니다. 어떻게 자세가 나왔다고 하더라도 그건 투명 인간의 리사이틀처럼 보이지요. 바이올린이나 플루트도 마찬가지지요. 역시 커다란 건반 악기들이 가장 그럴싸해 보입니다. 악기를 들 필요가 없으니까요. 유령들은 건반만 누르고 페달만 밟아주면 됩니다.

직접 노래를 부르는 건 어떠냐고요? 그것 역시 좋습니다. 잘하면 아주 그럴싸한 분위기를 낼 수 있지요. 하지만 유령의 존재를 암시만 하고 싶다면 별 도움이 되지 않습니다. 목소리는 상당히 직접적이니까요.

그러나 피아노 역시 남용할 만한 것은 아닙니다. 건반만 누르고 페달만 밟아주면 된다고 했지만, 이 역시 몸 없는 유령들에게 쉬울 리가 없으니까요. 〈여고괴담 두 번째 이야기 1999〉의 피아노 유령 부분은 그래서 좀 작위적이었습니다. 그런 식으로 매끄럽게 피아노를 치는 유령은 유령 같지 않거든요. 존재감이 너무 강했습니다.

보다 은밀한 방식이 영화에 필요합니다. 피터 메닥 감독의 〈체인질링 The Changeling, 1980〉에서는 한참 동안 음이 안 나오다가 피아니스트가 떠나니까 한 음을 울리는 방법으로 유령의 존재를 암시했습니다. 루이스 앨런 감독의 〈언인바이티드 The Uninvited, 1944〉 속 유령은 피아노를 직접 치는 대신 피아니스트의 정신을 지배해 음악을 조절했습니다. 〈체인질링〉에도 비슷한 장면이 있지요.

다른 악기를 개발하는 방법도 있을 겁니다. 가장 다루기 쉬운 건 뮤직 박스겠죠. 하지만 하프와 같이 크고 고정된 악기 역시 충분히 귀신 들릴 자격이 있습니다.

규칙 깨는 뱀파이어

이런 거예요. 현대 뱀파이어 영화에서는 뱀파이어들이 우리에게 잘 알려진 규칙을 깨트리는 행동을 하고 거기에 대해 부연 설명을 한다는 것입니다. 어떤 뱀파이어는 낮에도 움직이고, 어떤 뱀파이어들은 마늘에 무감각하고, 어떤 뱀파이어들은 십자가를 두려워하지 않습니다. 이들은 말이 통하는 사람을 만나면 "이러저러한 것들은 뱀파이어에 대한 미신에 불과해"라고 장황한 설명을 늘어놓지요. 가장 대표적인 예가 앤 라이스의 소설 「뱀파이어와의 인터뷰 Interview with the Vampire, 1976」 도입부입니다.

왜 이런 일들이 일어날까요? 그건 뱀파이어의 규칙이란 게 분명히 정해져 있지 않기 때문입니다. 세상엔 뱀파이어에 대한 수많은 전설들과 미신들이 있지요. 이들이 모두 앞뒤에 딱딱 맞는 건 아닙니다. 우리가 뱀파이어에 대해 잘 안다고 생각하는 이유는 브램 스토커의 「드라큘라 Dracula, 1897」가 워낙 유명해서 그 소설의 규칙, 보다 정확히 말하면 소설을 각색한 영화들의 규칙이 보편화되었기 때문이죠.

그러니까 작가가 자기만의 뱀파이어를 만들려면 취사선택을 해야 합니다. 전설과 미신들을 뒤져 자기 마음에 드는 규칙들을 찾아 적용해야 하지만 나머지는 버려야 하죠. 브램 스토커도 이렇게 했습니다. 문제는 여전히 브램 스토커의 규칙이 강해서 거기서 벗어나려면 꾸준히 변명도 해주어야 한다는 것입니다.

아마 이 클리셰는 얼마 지나지 않으면 사라질 겁니다. 요샌 정말 온갖 종류의 뱀파이어물들이 나오고 있으니까요. 조금만 더 지나면 다들 이런 설명이 클리셰라는 걸 인식하고 건너뛰겠죠.

기타 조금 더 부연 설명을 하자면, 브램 스토커의 규칙도 표준은 아닙니다. 우린 스토커의 규칙보다는 스토커의 작품을 각색한 유니버설이나 해머 영화의 규칙에 더 익숙하지요.

그건 논리적으로 불가능해요

〈엑스 파일 The X Files, 1993-2018〉 1화에서 멀더는 막 그의 파트너가 된 스컬리에게 UFO의 존재를 믿느냐고 묻습니다. 스컬리는 믿지 않는다면서 이렇게 덧붙이지요. "그건 논리적으로 불가능해요."

스컬리와 같이 똑똑한 사람이 이렇게 건성인 답변을 했다는 건 당시 드라마 작가였던 크리스 카터가 방만했거나 아니면 교정을 위한 충분한 피드백이 없었기 때문이라고 할 수밖에 없습니다. "논리적으로 불가능해요"라는 답변은 스컬리처럼 야무진 사람이 할 만한 말은 절대로 아니었어요.

왜냐고요? 그건 논리가 가설을 증명하는 것이 아니기 때문입니다. 논리는 가설과 개념에 구조를 제공합니다. 그러나 그뿐이에요.

모든 그럴싸한 생각들은 다 멀끔한 논리 구조를 가지고 있습니다. 논리가 없는 한심한 생각들이 있고 그런 걸 또 따르는 바보들도 있기 마련이지만 그건 논외의 문제입니다. 다시 말해 자기 완결적인 논리를 가지고 있다는 것은 그 생각이 최소한의 성립 조건을 갖추고 있다는 뜻일 뿐, 그 가설이 진리와 가깝다는 말이 아닙니다.

당연히 멀더와 같은 UFO 추종자들도 말끔한 자기 논리를 가지고 있습니다. 멀더의 생각은 스컬리의 생각만큼이나 논리적입니다. 단지 멀더는 그 논리의 기반을 초자연적인 지식에 두고 있을 뿐이죠.

스컬리는 어떻게 말해야 했을까요? "지금까지 우리에게 알려져 있는 과학 지식에 따르면 그런 것은 불가능해요" 정도가 맞았겠지요. 스컬리가 반론의 기반으로 사용하고 있는 것은 '현대 과학 지식'이니까요.

유감스럽게도 할리우드 SF 영화의 시나리오를 쓰는 사람들에겐 단어 의미의 엄밀함은 그렇게 중요한 것이 아닌 모양입니다. "그건 논리적으로 불가능해요!"라는 어설픈 항변이 이 클리셰 사전에 오를 만큼 남발되고 있으니 말이에요.

그리고 그들은 해변으로 갔다

액션 영화를 끝맺을 때 인기 있는 방식입니다. 간신히 악당들로부터 빠져나오고 목표를 달성한 주인공 커플은 꼭 해변으로 갑니다. 그것도 그냥 애들이 바글거리는 해수욕장이 아니라 거의 혼자서 전세 낸 것 같은 외딴섬에요.

여기서 '커플'이라는 말을 강조한 건 이 결말이 주인공이 남자 혼자일 때는 비교적 덜 사용되기 때문입니다. 함께 생사고락을 같이한 여자 파트너가 있을 때에야 비교적 잘 먹히죠. 제 머릿속에 가장 먼저 떠오르는 건 빈 디젤이 주연한 〈트리플 엑스 xXx, 2002〉인데, 이는 특별한 예가 아니라 가장 뻔한 예입니다. 당시에도 보면서 그렇게 생각했고요.

왜 늘 해변일까요? 그건 지난 몇십 년 동안 바다와 해변이 편안함과 성적 쾌락의 상징이 되었기 때문입니다. 산으로 올라가 장관을 즐길 수도 있겠지만 아무래도 오르는 행위 자체가 편하지 않고 교통이 편하다면 사람이 많죠. 1시간 반 동안 폭탄이 터지고 시체가 이리저리 튕기는 액션을 겪었는데, 남은 시간은 좀 편하게 지내야 하지 않겠습니까? 사실 문명 세계에서 경치 좋은 해변이 관광지화되지 않는 경우는 별로 없지만, 열대의 외딴 섬이라는 고전적인 설정을 받아들인다면 주인공들은 프라이버시의 침해 없이 만족스러운 휴가를 즐길 수 있습니다. 물론 개인 트레이너의 도움을 받아 만든 잘빠진 몸매를 드러낼 수도 있고요.

여기엔 약간의 변주도 있긴 합니다. 주인공들은 요트를 타고 휴가를 보낼 수도 있어요. 하지만 이건 노골적인 부의 과시이고 주인공들이 부자라는 설정에서나 가능합니다. 섬 하나를 전세 내는 것이 더 돈이 많이 들지 않냐고요? 영화는 그냥 그들이 운 좋게 사람 없는 열대의 낙원을 발견했다고 우길 수 있지요.

"체스판을 준비해 놓고,
그곳에서 당신을 기다릴게요."
– 앤디 듀프레인 〈쇼생크 탈출 The Shawshank Redemption, 1994〉

기념일 영화

몇 가지 익숙한 클리셰들이 있습니다. 가장 인기 있는 건 크리스마스 영화죠. 〈34번가의 기적 Miracle on 34th Street, 1947〉, 〈멋진 인생 It's a Wonderful Life, 1946〉과 같은 영화가 대표작이겠군요. 이런 영화들의 주인공은 대부분 현실 세계의 쓴맛을 경험하다가 크리스마스 날 갑자기 기적과도 같은 체험을 하게 되고 삶에서 희망을 찾게 됩니다. 여기서 재미있는 것은 이런 영화들 중 정말로 기독교 신앙을 다루는 작품은 예상외로 적다는 것이죠. 〈34번가의 기적〉은 예수가 아닌 산타에 대한 영화이고, 〈멋진 인생〉의 천사 역시 자신이 무슨 종교의 신에 소속되어 있는지 밝히지 않아요.

추수 감사절 영화는 크리스마스 영화보다 조금 더 우울합니다. 대부분 미국 추수 감사절 영화는 모이기 싫은 가족들이 억지로 모여 툴툴거리다가 지금까지 쌓인 감정을 폭발시키는 내용으로 짜여집니다. 〈홈 포 더 할리데이 Home for the Holidays, 1995〉가 떠오르는군요. 하지만 〈우리, 사랑해도 되나요? The Family Stone, 2005〉와 같은 크리스마스 영화가 이 기능을 맡는 경우도 있습니다.

밸런타인데이 영화, 특히 〈러브 어페어 Love Affair, 1994〉나 〈시애틀의 잠 못 이루는 밤 Sleepless In Seattle, 1993〉과 같은 영화의 기능은 처음부터 끝까지 로맨스 또는 로맨스의 결여에 집중합니다.

영화에서 가장 익숙한 축일 셋을 살펴봤는데, 대부분 의미는 같습니다. 주인공들은 모두 기념일과 그 의미에 대해 아주 심각하게 생각하고 그 때문에 죄수처럼 그 의미에 갇히게 됩니다. 그 때문에 구원을 받는 수도 있지만 그거야 작가의 농간 때문이고 실제 세계에서는 대부분 더 우울해지겠죠.

전형적인 미국 시즌제 드라마라면 매 시즌마다 이런 '기념일 에피소드'를 겪기 마련입니다. 〈프렌즈 Friends, 1994-2004〉와 같은 시트콤이나 〈길모어 걸스 Gilmore Girls, 2000-2016〉와 같은 느슨하게 진행되는 가족 드라마라면 더욱 그렇죠. 이런 기념일 에피소드는 일종의 달력과 같은 구실을 하기도 합니다.

기념일을 가장 끔찍한 방식으로 활용하는 장르는 호러물일 것입니다. 존 카펜터가 〈할로윈 Halloween, 1978〉을 만들지 않았다고 해도 핼러윈을 다룬 호러물은 나올 수밖에 없었겠지요. 정확히 기념일을 다룬 건 아니지만 〈13일의 금요일 Friday the 13th, 1980〉을 빼면 섭섭하겠죠. 또 뭐가 있나요? 〈블랙 크리스마스 Black Christmas, 1974〉나 〈발렌타인 Valentine, 2001〉과 같은 영화들이 있군요. 아마 지금은 거의 모든 종류의 공식 기념일에 호러 영화가 하나 이상 딸려있을 거예요.

나 잡아봐라 추격전

매우 심각한 독일/체코 영화 〈레아 Lea, 1996〉를 보면 우리 관객들만 유달리 웃을만한 장면이 나옵니다. 후반부에요. 헤르베르트가 아내 레아에게 바다를 보여주기 위해 해변으로 갑니다. 그리고 한국 관객들에게 너무너무 익숙해진 장면이 펼쳐지죠. 레아는 웃으면서 장난스럽게 해변을 달리고 헤르베르트는 그 뒤를 바보같이 천천히 쫓습니다.

우린 이런 트릭에 친숙합니다. 왜일까요? 우린 70년대 한국 영화에서 이런 커플 추격전을 지독하게 많이 보았다고 믿고 있습니다. 여자 주인공이 까르르르르 웃으며 달리고 남자 주인공은 여자 이름을 부르면서 이상할 정도로 천천히 쫓죠. 여자 주인공이 '어머나!'를 외치며 일부러 넘어지면 추격전은 끝납니다.

참 많이 봤습니다. 그렇죠?

하지만 우리가 본 것은 70년대 한국 영화들이 아니라 그 당시 영화를 패러디한 수많은 코미디들입니다. 지금 관객들은 당시 영화에 익숙하지 않으니까요.

그렇다면 그 원조가 된 영화는 무엇일까요? 〈별들의 고향 1974〉일까요? 제 기억엔 그런 것 같아요. 하지만 아무것도 뚜렷하게 기억나지는 않는군요. 안인숙 배우의 입술에 덧입혀진 그 간사한 '아저씨이~~~' 운운의 성우 목소리만 기억날 뿐입니다. 정말 그 영화가 최초의 '커플 추격전' 영화인지, 그 영화 말고 다른 커플 추격전 영화들이 있는 것인지도 이제는 확신을 못 하겠어요.

하여간 남은 것은 영화가 아니라 패러디뿐입니다. 언젠가 이장호 감독이 투덜거린 적 있죠. 자긴 〈별들의 고향〉이나 〈어우동 1985〉을 참 진지하고 심각하게 만들었는데, 요새는 그걸 코미디 패러디나 나이트클럽의 야한 쇼로만 기억한다고요. 하지만 〈별들의 고향〉과 같은 영화를 진지하게 보는 건 참 힘이 듭니다. 경아가 겪는 수많은 고난과 희생과 죽음보다 우리를 더 자극하는 것은 경아의 인위적인 웃음소리거든요.

모든 걸 70년대의 연기 스타일과 성우들의 더빙 탓으로 돌리고 싶어요. 사실 커플 추격전도 개념 자체는 그렇게 웃기지 않는 것인지도 모르죠. 진부함이 모두 코미디의 소재가 되는 것은 아니잖아요.

나 좀 보소 상징주의

영화 만드는 사람들이 그냥 재미있는 이야기만 만들어준다면 아무 문제가 없겠는데, 사람이란 게 그렇게 단순하지가 않습니다. 그들은 자기네들이 만드는 영화가 단순히 재미있는 이야기 이상이기를 바라지요. 재미있기도 하지만 '멋있거나' '깊이 있는' 작품이 되기를 바라기도 한다는 말입니다.

　어떻게 하면 이야기와 캐릭터를 '멋있고', '깊이 있게' 만들 수 있을까요? 이야기나 캐릭터에 보이는 것 이상의 더 큰 의미가 있다는 걸 말해주면 됩니다. 그러나 그걸 직접 말하면 김이 빠집니다. 뭔가 더 '은밀한' 방법을 써야 해요. 그렇다고 그 은밀함이 지나치면 관객들이 눈치를 못 챌 가능성도 있습니다. 그 중도를 적절하게 택하자니 상당히 세련된 테크닉이 요구되는데,

그건 상위 1퍼센트의 고급 작가들이나 가지고 있는 능력입니다.

나머지 99퍼센트 작가에겐 '나 좀 보소 상징주의'가 그 해결책입니다. 이는 분명 직접 말하는 것보다는 세련되고 멋스러워 보입니다. 그리고 만들기도 쉽지요. 주제나 캐릭터를 대표하는 상징을 노골적으로 끄집어내서 관객들이 잘 보이게 흔들어주는 겁니다. 그래도 눈치 못 챌 것 같으면 주인공 입으로 직접 그 상징에 관해 이야기하는 방법도 있지요. 꽃말이나 점성술과 같은 기성품 상징주의를 끌어들일 수도 있습니다.

'나 좀 보소 상징주의'는 단순히 클리셰라는 이유만으로 배척당해서는 안 됩니다. 노골적인 상징주의라고 다 나쁘거나 진부한 것은 아니니까요. 훌륭한 작가나 감독이라면 분명한 상징을 관객의 코앞에 흔들어대면서도 인상적인 경험을 창조해낼 수 있습니다.

그러나 그게 그리 쉽다면 이게 고정된 클리셰일 리가 없습니다. 대부분은 그 정도까지 미치지 못하지요. 더 고약한 건 그들이 자기네들이 그 정도에 못 미친다는 것을 모르고 있다는 것입니다. 그 결과 상징주의의 대부분은 무의미한 똥폼이 되어버리고 곧 실소감이 되지요.

11
난쟁이를 조심하라

옛 영화 〈파울 플레이 Foul Play, 1978〉 도입부에서 골디 혼이 연기한 캐릭터는 자동차가 고장 난 한 남자를 만나게 됩니다. 그들은 서로에게 호감을 느끼고 영화관에서 데이트까지 하게 되지요. 하지만 남자는 영화관 안에서 정체불명의 킬러에게 살해당하고 죽기 전에 속삭입니다. "난쟁이를 조심해요."

왜 난쟁이일까요? 물론 난쟁이 악당이 나중에 등장하니까 그렇죠. 하지만 이 "난쟁이를 조심해요! Beware of the dwarf!"라는 문장은 진상 자체보다 더 재미있습니다. 신비스럽고 어처구니없으며 환상적이죠. 물론 해답도 그만큼이나 신비스럽고 어처구니없고 환상적이면 더 좋겠지만, 그렇지 않아도 좋아요.

"난쟁이를 조심하라"로 대표되는 다잉메시지(Dying Message)

는 추리물의 클리셰입니다. 살인사건의 피해자가 죽어가면서 필사적으로 살인범에 대한 마지막 단서를 남깁니다. 하지만 그들은 결코 그냥 이름을 말하지 않아요. 배배 꼬이고 이해하기 어려운 수수께끼 같은 말을 남기고 죽죠. 그 때문에 주인공들은 영화나 소설이 끝날 때까지 그 뜻을 알아내기 위해 머리를 쥐어짜야 합니다.

왜 이들은 그냥 이름을 말하지 않는 걸까요? 이유야 많죠. 살인범이 남겨놓은 단서들을 파괴할까 봐 걱정해서 그럴 수도 있고 경찰이 아닌 특정 인물에게만 단서를 남기고 싶어서일 수도 있어요. 범인의 이름을 모르기 때문에 자기가 가지고 있는 단서만 제공하는 것일 수도 있고 범인의 이름을 말했는데 들은 사람이 잘못 알아들었을 수도 있어요. 하지만 진짜 이유는 이미 위에서 말했습니다. 신비스럽고 어처구니없으며 환상적이니까요. "난쟁이를 조심해요!"처럼 말도 안 되는 단어일수록 더 그럴싸합니다.

지금 이 클리셰는 진화 후반기에 접어들었습니다. 퍼즐 미스터리의 전성기가 지났으니 이게 진지하게 사용되면 우습죠. 맨 처음 언급된 〈파울 플레이〉에서도 농담이었어요. 하지만 이 설정을 진지하게 사용하는 작품들은 여전히 나오고 있습니다. 유명한 〈다빈치 코드 The Da Vinci Code, 2006〉도 그렇잖아요. 솔직히 말도 안 되는 설정이었지만요.

12

남자 주인공에겐 없다

- 진영인 무간도 : 애인과 결별
- 박강두 괴물 : 아내 13년째 가출
- 존 맥클레인 다이하드 : 아내와 별거
- 구남 황해 : 아내 행방불명
- 샘 아이엠 샘 : 동거인 행방불명
- 석우 부산행 : 아내와 이혼
- 리건 버드맨 : 아내와 이혼
- 레이 우주전쟁 : 아내와 이혼
- 영환 강변호텔 : 아내와 이혼
- 스캇 랭 앤트맨 : 아내와 이혼
- 고건수 끝까지 간다 : 아내와 이혼

- 빈프리트 토니 에드만 : 아내와 이혼

- 리 맨체스터 바이 더 씨 : 아내와 이혼

- 래리 박물관이 살아있다 : 아내와 이혼

- 로버트 그레이스미스 조디악 : 아내와 이혼

- 월트 그랜 토리노 : 아내와 사별

- 프랭키 밀리언 달러 베이비 : 아내와 사별

- 다니엘 나, 다니엘 블레이크 : 아내와 사별

- 맷 디센던트 : 사고로 아내 혼수상태

- 서진 침입자 : 사고로 아내 사망

- 연상원 클로젯 : 사고로 아내 사망

- 차태식 아저씨 : 사고로 아내 사망

- 데이비스 데몰리션 : 사고로 아내 사망

- 로버트 앤지어 프레스티지 : 사고로 아내 사망

- 칼 업 : 노환으로 아내 사망

- 존 윅 존 윅 : 병으로 아내 사망

- 숀 굿윌 헌팅 : 병으로 아내 사망

- 오베 오베라는 남자 : 병으로 아내 사망

- 데이비드 킴 서치 : 병으로 아내 사망

- 쿠퍼 인터스텔라 : MRI가 없어서 아내 사망

- 말린 니모를 찾아서 : 천적의 습격으로 아내 사망

- 코브 인셉션 : 모종의 이유로 아내 사망

- 김내경 관상 : 모종의 이유로 아내 사망

- 천만덕 대호 : 모종의 사고로 아내 사망

- 벤 세븐 파운즈 : 모종의 이유로 아내 사망

- 주인공 더 로드 : 모종의 이유로 아내 사망

- 승현 클레멘타인 : 모종의 사고로 아내 사망

- 오대수 올드보이 : 모종의 이유로 아내 사망

- 휴 글래스 레버넌트 : 모종의 이유로 아내 사망

- 존 프레스톤 이퀼리브리엄 : 모종의 이유로 아내 사망

- 클리프 원스 어폰 어 타임…인 할리우드 : 모종의 이유로 아내 사망

- 브루스 웨인 다크나이트 라이즈 : 악당의 계획으로 '날 사랑하는 사람'
  이라고 착각했던 친구 사망

- 에릭 크로우 : 범죄자에게 아내 피살

- 강철중 공공의 적 : 범죄자에게 아내 피살

- 테디 셔터 아일랜드 : 범죄자에게 아내 피살

- 병수 살인자의 기억법 : 범죄자에게 아내 피살

- 톰 반 앨런 집행자 : 범죄자에게 아내 피살

- 김수현 악마를 보았다 : 범죄자에게 아내 피살

- 채정호 아내를 죽였다 : 범죄자에게 아내 피살

- 리차드 킴블 도망자 : 범죄자에게 아내 피살

- 맥스 매드 맥스: 분노의 도로 : 범죄자에게 아내 피살

- 앤디 듀프레인 쇼생크 탈출 : 범죄자에게 아내 피살

- 막시무스 글래디에이터 : 로마제국에 의해 아내 피살
- 윌리엄 브레이브하트 : 잉글랜드인에 의해 아내 피살

"이 문제를 데드 와이프 이슈,
데드 와이프 프라블럼 이렇게 불러요."
– 팟캐스트 '김혜리의 필름클럽' 114회 중에서

13
남장여인

남자 옷을 입은 여자들이 이야기 속에 자주 등장하는 이유는? 그거야 옛날엔 여자들의 행동반경이 좁았고 할 수 있는 일도 많지 않았으니까요. 안전을 보장받고 행동반경을 넓히려면 남자로 변장하는 게 유리할 때가 많았습니다. 고로 남자들만 갈 수 있는 학교나 군대에 들어가거나, 남자들이 지배하는 험악한 세계에서 살아남거나 괴롭힘을 당하지 않고 편하게 여행하기 위해 남자 행세를 하는 여자들이 현실 세계에서도 많았던 거죠. 현실 세계의 규칙을 보다 유연하게 적용할 수 있는 허구의 세계에서는 더욱 많았고요.

여기에는 다른 요인들도 있습니다. 예를 들어 윌리엄 셰익스피어 희곡에 남자로 변장한 여자들이 그렇게 많았던 건 당시엔 여자 배우들이 없어서 여자 역을 모두 변성기 이전의 소년들이 연기했기 때문에 남자 옷차림이 더 자연스러웠기 때문입니다. 캐릭터는 남성이지만 여성 배우들을 쓰는 경우도 많죠. 사라 베른하르트는 햄릿을 연기했고 피오나 쇼는 리처드 2세를 연기했습니다. 오페라의 경우는 남자 주인공 역할을 메조 소프라노에게 넘겨주는 경우가 많지요. 타카라주카나 여성국극처럼 모든 역할을 여성 배우가 하는 경우엔 당연히 남자 주인공도 여자 배우들이 하게 되지요.

이런 경향은 현대로 가면서 줄어드는 경향이 있습니다. 현대 여성들은 옛날엔 남자로 변장해야 간신히 할 수 있었던 일들을 당연하게 하고 있습니다. 더 이상 변장할 이유가 사라진 거죠. 게다가 요샌 순수한 남장이란 건 별 의미가 없습니다. 여자가 남성용 평상복을 입었다고 해서 그게 남장이 되는 건 아니죠. 그건 그냥 편한 평상복입니다.

그래도 이런 경향이 완전히 없어진 건 아닙니다. 〈L 워드 The L Word, 2004-2009〉의 배우 다니엘라 시는 실제로 중동에 살았을 때 남자로 변장하고 다녔다는군요. 〈태양의 딸들 Daughters Of The Sun, 2000〉이나 〈천상의 소녀 Osama, 2003〉, 〈오프사이드 Offside, 2006〉* 와 같은 이슬람권 영화들이 남자로 변장한 소녀들을 다루는 것

---

* 법적으로 축구 경기장에 입장할 수 없는 이란 여성 축구 팬들의 잠입 작전을 그린 영화.

도 그 지역의 특수성 때문이라고 할 수 있겠죠.

여기엔 또 다른 이유가 있으니, 남자 옷을 입은 여성의 이미지가 그 자체로 독특한 매력을 갖고 있기 때문입니다. 그건 동성애 판타지일 수도 있고 이성애 판타지일 수도 있습니다. 동성애 판타지로 본다고 해도 성별에 따라 또 입장이 다를 수 있고요. 하지만 여기서 중요한 건 그 원인들이 아니라 그 이미지가 잘 조율되면 무척 패셔너블하고 아름답다는 것입니다. 이를 증명하기 위해 마를레네 디트리히나 그레타 가르보와 같은 스타들의 예를 꼭 들어야 할까요?

위의 문단에서 가장 중요한 건 '잘 조율되면'입니다. 세상엔 남장여인들을 주인공으로 한 수많은 좋은 영화들이 있습니다. 하지만 그것을 생기 없이 그냥 가져다 쓰면 그건 장난만도 못한 것이 됩니다.

예전에 두 편의 한국 사극 영화를 봤습니다. 하나는 〈전설의 고향 2006〉이었고 다른 하나는 〈황진이 2007〉였죠. 우연이었지만 두 영화 모두 남자로 변장한 여자들이 몇 분 동안 나왔습니다. 역시 우연이었지만 그 설정 모두가 어이가 없을 정도로 무의미했다는 것도 같았죠. 〈황진이〉는 어설프게나마 핑계라도 달아주었지만 〈전설의 고향〉엔 그런 것도 없었습니다. 순전히 '여자배우에게 남자 옷을 입혀주자!'라는 흐릿한 목적의식만 보였죠. 두 장면 모두 실없어 보였던 것도 그 때문이었고요.

14
눈 달린 냉장고

「히치콕과의 대화 Le Cinéma selon Alfred Hitchcock, 1966」에서 프랑스와 트뤼포*는 히치콕에게 '냉장고 안쪽에 카메라를 설치하는 최근 유행'에 대해 불평을 늘어놓습니다. 그의 불평은 이치에 맞습니다. 결코 자연스러운 장소는 아니죠.

하지만 트뤼포가 불평을 늘어놓건 말건, 많은 감독들이 계속 카메라를 냉장고 안에 밀어 넣습니다. 관객들도 슬슬 그런 장치에 익숙해진 것 같고요. 여전히 아이디어 자체가 슬쩍 괴상해서 나올 때마다 이상한 느낌이 들긴 하지만요. 아주 자연스럽게 영화 규칙에 흡수된 것도 아니지만 그렇다고 독창적인 시각적 스

---

* 장 뤽 고다르와 함께 '누벨바그 물결'을 대표하는 프랑스 감독.

타일로 보기엔 진부해진 그 어정쩡한 선 위에 서 있는 것이죠.

왜 그들은 끝도 없이 냉장고에 카메라를 밀어 넣고 밑반찬의 시선에서 주인공들을 바라보는 걸까요? 냉장고의 구조를 생각해보면 대충 이해가 됩니다. 냉장고는 문이 있는 작은 방입니다. 냉장고에서 물건을 꺼내는 사람들은 잠시 그 문을 열고 냉장고라는 방을 방문했다가 나갑니다. 다시 말해 밑반찬의 시선이라는 걸 잠시 잊는다면 그 비주얼은 그렇게 부조리하지 않습니다.

여기엔 다른 이유도 있습니다. 리듬감이죠. 냉장고를 여닫는 시간은 비교적 짧은 편이라 이 장면의 삽입으로 우린 길게 늘어진 신을 끊어 보다 날카로운 리듬을 제공해줄 수 있습니다. 비교적 좁은 공간인 부엌에서 새로운 시점을 부여하는 역할을 해주기도 하고요.

고유의 비주얼적인 가치도 있습니다. 냉장고는 하얀빛으로 가득 찬 방이기도 합니다. 주인공의 얼굴과 상체에 쏟아지는 하얀빛은 상황에 따라 그들의 얼굴을 아름답게도, 창백하게도 만들 수 있습니다.

그러나 가장 결정적인 장점은 관객들의 관음증을 극대화시킨다는 것입니다. 냉장고를 열 때 사람들은 자기를 속이지 않습니다. 우린 냉장고 안쪽에서 그들의 꾸미지 않은 표정과 비밀을 엿볼 수 있습니다. 물론 우리가 냉장고 안에 들어 있는 김치 찌꺼기라는 사실을 잠시 잊어야 하겠지만 말입니다.

"난 그런 식으로 안 할 겁니다.
마치 벽난로 속 화염 뒤에서
찍는 것 같군요."

– 알프레드 히치콕 「히치콕과의 대화 Le Cinéma selon Alfred Hitchcock, 1966」

15

다른 세계로 열리는 문

목동 메가박스에 갔었는데, 방화셔터가 올라가 금속 문만 달랑 걸려 있는 곳이 있더군요. 근처에서 놀러온 교복 입은 여학생들 이 문을 열고 닫으면서 놀고 있더라고요. 문을 열고 처음 만난 것처럼 친구에게 인사를 하거나 오늘 처음 만나기라도 한 것처 럼 놀라는 척도 하면서요.

문이란 건 좀 괴상한 구석이 있습니다. 현실 세계에서 이건 별게 아니에요. 두 개의 닫힌 공간 또는 하나의 닫힌 공간과 열 린 공간을 일시적으로 차단했다가 연결해 주는 도구지요. 하지 만 우리 머릿속에서는 그렇게 생각이 돌아가지 않습니다. 문은 우리가 존재하는 공간에서 다른 어떤 곳으로 갈 수 있게 도와주 는 마법의 통로입니다. 물론 그 마법이란 게 다소 뻔한 것이라

주로 복도나 마당밖엔 갈 수 없지만, 마법이라는 건 늘 불안하고 변덕스러운 게 아닙니까? 늘 우리에게 복도만 선사한다는 법도 없지요. 어느 날 눈을 비비고 화장실에 가려고 문을 열자 오즈의 왕국이 기다리고 있을지도 모르는 법입니다.

그 결과 수많은 마법의 통로들이 생겨납니다. 어떤 건 그냥 문이기도 하고 어떤 건 일반적인 문과 수상쩍을 정도로 닮은 벽장 문이기도 하고 어떤 건 옷장이기도 하죠. 가장 유명한 건 C.S. 루이스의 「나니아 연대기 The Chronicles of Narnia, 1950-1956」의 처녀작 「사자, 마녀 그리고 옷장 The Lion, the Witch and the Wardrobe, 1950」입니다. 영화 중에선 〈몬스터 주식회사 Monsters, Inc., 2001〉가 그 고전적인 설정을 본격적으로 꺼내다 쓴 작품이 될 거고요. 워너 브라더즈의 〈루니 툰즈 Looney Tunes, 1930-1969〉 만화에서도 이런 식의 통로들은 존재했습니다. 벅스 버니나 로드 러너는 그림으로 그린 문을 열고 그 너머에 있는 신비스러운 세계로 들어갔지요.

이런 이야기들은 문의 존재에 대해 논리적인 설명을 하지 않는 경우가 대부분입니다. 하지만 늘 그런 건 아니에요. 수많은 SF 소설이나 영화들이 시공간의 왜곡을 그럴싸하게 설명하는 과학적 장치들을 가지고 있습니다. 〈스타 트렉: 딥 스페이스 나인 Star Trek: Deep Space Nine, 1993-1999〉에서 웜홀은 다른 세계로 우리의 주인공들을 연결시켜주는 통로이고 문이죠. 〈스타게이트

Stargate, 1994〉에서 주인공들을 다른 행성으로 보내주는 건 정말로 문처럼 생긴 장치였고요.

여기엔 다양한 변주도 있습니다. 두 편의 「앨리스」 소설에서는 토끼굴과 거울이 그런 역할을 하죠. 〈장화, 홍련 2003〉에서 옷장문은 초자연적인 힘을 가지고 있지 않지만, 혼란스럽고 광포한 이야기 속에서 숨겨진 과거와 현재의 주인공을 연결시킵니다. 〈여고괴담 4: 목소리 2005〉에서는 물리적인 문을 빌리는 귀찮은 짓은 하지도 않습니다. 그냥 허공에 과거로 통하는 스타게이트를 만들어내지요.

이런 문들은 소설보다는 영화 쪽에 더 어울리는 장치입니다. 옷장 저편에 다른 세계가 있다는 C.S. 루이스의 주장은 '왼쪽 복도 끝에 사무실이 있어요.'라는 말보다 특별히 더 마술적이지는 않습니다. 하지만 간단한 편집과 세트로 시간과 공간을 뒤트는 영화라는 장르 안에서 문을 열고 다른 세상으로 걸어들어가는 행위는 진짜 마법입니다.

"당신의 방 아무 곳에나
분필을 사용해 문을 그리세요."
– 판 〈판의 미로 Pan's Labyrinth, 2006〉

16
닭살 더빙

우리나라 영화계가 동시 녹음 기반으로 넘어간 건 비교적 최근의 일입니다. 우리만 그랬던 것도 아니에요. 영화 선진국을 자처하는 이탈리아 같은 나라도 동시 녹음이 꽤 늦었지요. 그 나라 영화에 안소니 퀸이나 버트 랭커스터 같은 외국 배우들이 자주 등장할 수 있었던 것도 후시 녹음이 당연시된 환경 덕이었습니다. 1960~70년대에 영화를 찍으러 이탈리아에 온 할리우드 배우들은 녹음 장비 하나 없는 조출한 촬영현장에 놀라곤 했습니다.

후시 녹음 환경에서는 배우와 전문 성우가 분리되는 경향이 있습니다. 인도와 같은 나라는 성우들도 스타지요. 방언이 다양한 중국에서도 부분 더빙은 당연시됩니다. 어린이 연기자의 연기는 많은 경우 성인 여성 배우에 의해 더빙됩니다. 빅토르 에리세의 〈벌집의 정령〉이 산세바스티안 영화제에서 처음 상영되었을 때, 많은 스페인 관객들은 당황했습니다. 이미 성인 배우의 어린이 대사 더빙에 익숙해져 있던 그들은 진짜 아이들의 목소리가 부자연스럽다고 느꼈습니다. 이상하게 들리지만 의외로 흔한 일입니다. 많은 관객들이 디즈니 영화 더빙판의 어린이 성우들이 이상하다고 생각하잖아요.

우리나라에서도 배우와 성우의 분업화는 당연시되었습니다. 골수 영화광들은 좋아하는 배우의 성우 이름도 알고 있었지요. 신성일은 이창환과 이강식이 맡았고 엄앵란의 더빙은 고은숙 전담이었습니다. 이런 조합은 영화가 동시 녹음 기반으로 넘어간 90년대에도 광고와 같은 곳에서는 남아있었습니다. CF 스타 시절 최진실의 목소리를 더빙한 건 권희덕이었습니다.

현대 관객들에게 옛 한국 영화들이 이상하게 느껴지는 가장 큰 이유 중 하나는 바로 이런 성우들의 후시 녹음입니다. 한마디로 부자연스럽고 작위적이며 웃겨요. 닭살이 마구 돋을 지경입니다.

성우 때문만은 아닙니다. 세월이 흐르면 연기 패턴도 변하니까요. 지금까지 영화 연기는 사실적인 스타일로 발전해왔습니다. 옛 영화의 과장된 대사 연기는 할리우드나 프랑스의 영화에서도 충분히 발견할 수 있죠. 이런 건 문제가 아닙니다. 단지 다른 종류의 연기인 것이죠.

그러나 그냥 배우들과 성우들의 목소리 연기는 같지 않습니다. 성우들은 자연스러운 연기를 하지 않아요. 그들에겐 자기만의 스타일이 있습니다. 애니메이션 더빙은 고정된 스타일이 있어서 관객들은 그걸 디폴트로 받아들입니다. 한국 관객들이 애니메이션 영화의 비전문 연예인 더빙에 예민한 것도 그 때문이지요. (송지효는 언젠가 애니메이션 더빙이 후시 작업과 크게 다르지 않다고 말한 적 있는데, 많은 애니메이션 팬들은 이에 동의하지 않을 것 같습니다.) 많은 이탈리아 장르 영화들은 영어로 더빙되어 해외에 소개되었는데, 이들은 늘 부자연스럽게 들립니다. 이탈리아 호러 영화팬들은 결국 포기하고 그 부자연스러움을 매력이라고 여기게 되었지요.

옛 한국 영화의 성우들도 자신만의 스타일로 연기를 했습니다. 이 차이를 구별하는 방법이 있습니다. 코미디언 구봉서는 자기 목소리를 직접 더빙했는데, 같은 영화에 나오는 전문 성우의 연기와 비교하면 분명한 스타일의 차이가 느껴집니다. 유튜브에 가면 〈수사반장〉과 같은 70년대 드라마를 볼 수 있는데, 이역시 당시 배우들과 성우들의 스타일 차이를 알 수 있는 자료입니다.

이런 고정된 스타일은 실제 자연스러운 연기보다 빨리 낡습니다. 고정된 연기 스타일은 당시 사람들의 양성 관계와 계급

관계에 대한 생각이나 '쿨'함에 대한 집착을 확대해 반영합니다. 그리고 이런 건 사실 실제 당시의 언어 습관과 완전히 일치하는 것이 아닙니다. 예를 들어 당시 사람들이 눈물을 흘리며 들었을 〈별들의 고향 1974〉의 경아 목소리가 현대 관객들에게 짜증 날 정도로 경박하게 들리는 것은 그동안 언어 습관이 바뀌었기 때문이라기보다는 여성들에 대한 사람들의 인식이 어느 정도 변했기 때문입니다. 같은 양식화된 연기라도 성우의 연기가 더 빨리 낡는 것은 배우의 몸에서 분리되다 보니 연기가 더 추상화되기 때문이라고 할 수 있겠지요.

이런 스타일은 창조적이고 개성적인 연기를 가로막기도 합니다. 옛날 한국 영화들에서 주인공 역 성우들은 다들 비슷하게 '예쁘거나', '멋있는' 목소리를 냅니다. 동시 녹음 시대에 접어들자, 김지미 실제 목소리를 들은 사람들은 그 걸걸함에 기겁했습니다. 그런데 그 걸걸함은 지금까지 밋밋하기 짝이 없었던 성우들의 목소리보다 훨씬 기억하기 쉽고 인상적인 것이었습니다.

이제 배우들에게 목소리를 빌려주는 것은 성우들의 주업이 아닙니다. 옛날 성우들의 고정된 스타일은 농담거리이거나 순진했던 시절의 옛 향수를 자극하는 장치입니다. 후시 녹음의 시대는 갔습니다. 다행이라고 할 수밖에.

후일담 1 최근 한국 영화에서 대사를 알아듣기 힘든 건 적
당히 포기하고 후시로 넘겨야 할 동시 녹음 사운
드를 고집하기 때문이라는 주장이 있습니다. 하지
만 그보다는 이유가 복잡할 거예요. 극장 환경 문
제도 있고, 요새 음향 작업은 이전보다 훨씬 복잡
해져서 대사를 가로막는 사운드가 많으니까요.

후일담 2 어린이 목소리를 성인 여성이 더빙하는 경우는 할
리우드에서도 찾아보면 꽤 있습니다. 〈샤레이드
Charade, 1963〉에서 오드리 헵번 친구의 아들로 나오
는 프랑스 아이는 미국 아역 배우가 연기했고 프
랑스 성인 여자 성우가 더빙했어요.

99

호러 영화가 좋아하는 기념일들

크리스마스 Scrooge, or, Marley's Ghost | The Right to Be Happy | Black Christmas | Gremlins | The Day of the Beast | Jack Frost 밸런타인데이 My Bloody Valentine | Lovers Lane | Valentine | Solstice | My Bloody Valentine 핼러윈 Halloween | Scary Stories to Tell in the Dark 만우절 Killer Party | April Fool's Day 부활절 Atrocious 여름 Midsommar 추수 감사절 Escape Room 파더스 데이 Knock Knock 새해 The Phantom Carriage

17

도널드 덕의 조카들

사람들은 미키 마우스나 도널드 덕, 벅스 버니, 대피 덕과 같은 만화 주인공들을 중성적인 존재로 생각합니다. 하지만 그건 관성적 사고에 따른 자기기만에 불과합니다. 그들은 수컷들입니다. 정확히 말해 독신 수컷들이죠.

이런 종류의 만화에서 그들은 비교적 자유로운 삶을 사는 인간 독신 남자들처럼 행동합니다. 솔직히 말해 전 벅스 버니가 퀴어가 아닌가 의심하는 중입니다. 툭하면 여자 옷을 입고, 남자들에게 키스하는 걸 좋아하잖아요.

물론 그들도 미니 마우스나 데이지 덕과 같은 여자 친구들을 가질 수 있습니다. 하지만 결혼은 못합니다. 그건 이들 캐릭터의 순수성을 깨트리기 때문이지요. 끝없이 이어지는 시리즈의 주인공이니 만큼 이들 사이의 로맨스가 계속 이어져야 한다는 것도 당연하고요.

여기 문제가 있습니다. 이런 캐릭터의 삶에 어떻게 아이들을 끼워 넣을 수 있을까요?

왜 아이들을 넣냐고요? 그거야 꼬마 악마들의 무정부주의적인 난동이 영화에 흥미로운 파국을 부여하고 어린 관객들의 흥미를 끌기 때문이지요. 아이들은 유용한 도구입니다. 문제는 주인공들이 모두 독신이라 아이들이 나올 여지가 없다는 것입니다. 미키 마우스와 미니 마우스의 혼외정사를 상상하지 않는다면 말이죠.

그 결과 수많은 만화 주인공들은 삼촌이 되었습니다. 가장 유명한 예는 도널드 덕의 조카들인 휴이, 루이, 듀이입니다. 인간 남성인 뽀빠이도 자기랑 비슷하게 생긴 꼬마 악당들인 네 조카들을 거느리고 있죠. 이들이 관련된 이야기들은 대부분 비슷합니다. 영악한 조카들이 온갖 장난들로 순진한 삼촌을 곤경에 빠트린다는 거죠.

만화 주인공이 아버지가 되는 경우도 있기는 합니다. 이런 경우 이들이 나오는 영화나 텔레비전 시리즈는 대부분 속편이죠. 유명한 아버지와 신선한 아들의 콤비가 주인공인 새 시리즈인 겁니다.

가장 유명한 예는 구피입니다. 구피의 순진하고 둔한 행동은 시대에 뒤떨어진 아버지의 이미지에 완벽하게 맞았고, 그 결과 그는 아버지와 아들 콤비가 주인공인 텔레비전 시리즈와 두 편의 영화의 주연이 되었습니다. 하지만 이 경우에도 그는 홀아비였습니다. 그의 아내는 존재해선 안 되었어요. 만화 주인공들의 남성 클럽은 이렇게 수호되었습니다.

18
도플갱어

도플갱어는 '사악한 쌍둥이'(128쪽) 클리셰의 사촌쯤 됩니다. 역시 연속극에 자주 사용되는 트릭이에요.

대충 이렇습니다. 연속극에서 캐릭터 하나가 죽습니다. 그런데 알고 봤더니 그 캐릭터가 이상할 정도로 인기가 많았던 거예요. 시청률은 떨어지고 항의는 비 오듯 합니다. 이럴 때 제작자는 어떻게 할까요? 그동안 시청자들이 전혀 모르고 있었던 쌍둥이 동생을 등장시키는 겁니다. 미국 소프 오페라인 〈All My Children 1970-2011〉에서도 비슷한 일이 일어났었죠.

데이빗 린치의 〈트윈 픽스 Twin Peaks, 1990-1991〉에서도 아주 같지는 않지만 비슷한 일이 있었습니다. 로라 팔머 역을 맡은 셰릴 리는 그 역으로 상당한 인기를 얻었지만 정작 이 캐릭터는 시리즈가 시작되기 전부터 살해된 사람이었으니 그 인기를 활용하기가 힘들었죠. 해결책은? 로라와 아주 비슷한 사촌인 '매디'를 등장시키는 것이었습니다.

시리즈의 속편에서도 비슷한 일이 일어나기도 합니다. 종종 조연의 인기가 주연보다 높을 때가 있으니까요. 〈영웅 본색 2 英雄本色 II, 1987〉가 대표적인 예*입니다.

이런 설정들은 성공하기가 쉽지 않습니다. 일단 한 캐릭터에 대한 애정은 배우에 대한 애정과 늘 정비례하는 것이 아닙니다. 이들이 다른 캐릭터를 연기한다면 이전과 같은 효과를 거두지 못할 가능성이 더 커요. 캐릭터의 죽음에 상심한 팬들은 오히려 짜증을 낼 수도 있습니다. 그리고 아주 꼭 닮은 사람이라는 설정은 아무리 쌍둥이라고 해도 작위적이잖아요?

참, 여기에는 약간의 변주가 있습니다. 캐릭터는 그대로 살아 있지만 이들에게 연기 변신의 기회를 주기 위해 그들과 똑같은 외모지만 전혀 다른 성격의 캐릭터를 등장시키는 것입니다. 〈버피 Buffy the Vampire Slayer, 1997-2003〉의 'The Wish'와 'Doppelgängland' 에피소드가 대표적인 예죠. 배우 활용 방식만 빼면 특별히 큰 연관성은 없지만 그래도 언급해두는 편이 좋을 듯하군요.

---

* 전작에서 사망한 주윤발 배역의 쌍둥이 동생이 등장한다.

19
띠용!

요즘은 거의 사용되지 않는 코미디 트릭입니다. 어디 보자, 이런 '띠용' 트릭이 사용될만한 구식 대화 농담을 하나 찾아보죠.

> 의사 : 남들처럼 오래 살고 싶으시면 한 잔 생각날 때마다 술 대신 사과를 하나씩 드셔야 합니다.
> 환자 : 아이구, 그 많은 사과를 어떻게 다 소화시키란 말씀입니까!

자, 이다음이 '띠용!'이 등장할 부분입니다. 의사는 환자의 말에 충격을 받은 듯 픽 풀어진 멍청한 얼굴을 하고 카메라를 바라봅니다. 바로 이게 '띠용!'이죠.

'띠용!'의 가장 중요한 목적은 지금까지 한 것이 농담이라는 것을 관객들에게 알리는 것이었습니다. 세상에 그걸 모를 바보가 어디 있겠냐고 말씀하시는 분도 계시겠지만, 정말 그걸 모르는 사람들도 있답니다. 그 때문에 옛날 코미디언들은 의도적으로 웃어야 할 순간을 알려주어야 한다고 생각했던 것이지요.

그러나 그것보다 더 중요한 이유도 있었습니다. 위에 언급한 구식 대화 농담은 철저하게 언어 위주이기 때문에 코미디언이 그 농담에 무언가 새로운 것을 더하는 것은 어렵습니다. 재능 있는 코미디언들이라면 좋은 연기로 이 대화를 활력 있게 만들 수 있을 겁니다. 하지만 그 역시 부수적인 것이죠. 무언가 시각적인 것을 보여주어야 하는 겁니다. '띠용!'은 말로는 쉽게 번역될 수 없는 순수한 시각적 조크였습니다. 물론 구식 대화 농담은 '맙소사!'나 '어휴!'와 같은 감탄사로 앞에 나온 말의 바보스러움을 강조하기도 했습니다. 하지만 그런 감탄사들은 '띠용!'처럼 그 자체가 농담으로서 기능하지는 않았지요. 그것은 농담의 (불필요한) 마침표에 불과했습니다.

'띠용!'은 이제 더 이상 사용되지 않습니다. 일단 순진하리만큼 바보스러운 트릭이고 관객들도 식상해 있어서 잘 먹히지도 않습니다. 이런 트릭은 대부분 옛 코미디언의 장비지요. 구봉서 할아버지 같은 사람들 말입니다. (그리고 보면 구봉서 할아버지는

'띠용!'을 참 자주 했습니다. 아마 대화 농담의 정상적인 캐릭터를 자주 연기했기 때문이 아닌가 싶어요.)

20

막간 뮤직 비디오

〈노팅 힐 Notting Hill, 1999〉에서 줄리아 로버츠와 헤어진 휴 그랜트는 처량하기 짝이 없는 표정으로 노팅 힐의 거리를 걷기 시작합니다. 그러는 동안 그의 처지와 딱 맞는 배경 음악이 흐르면서 서서히 계절이 가을에서 겨울로, 겨울에서 봄으로 바뀌지요.

이 장면 자체가 진부하다고 말하려는 것은 아닙니다. 나름대로 독창적이고 재미있는 장면이니까요. 사실 저희가 '막간 뮤직 비디오'라고 이름 붙인 트릭도 그 자체로는 진부한 것이 아닙니다. 그냥 중성적인 트릭 중 하나일 뿐이죠.

음악은 여러모로 쓸모 있는 도구입니다. 산만한 컷들을 정서적으로 연결시켜주는 접착제이기도 하고 주인공의 감정을 보다 효율적으로 전달하는 수단이기도 하죠. '막간 뮤직 비디오'들은 음악의 이런 기능을 적극적으로 이용하는 장치입니다.

그러나 '오리지널 사운드트랙'이 상업적인 가치를 가지게 되기 시작하자 '막간 뮤직 비디오'는 서서히 타락하기 시작했습니다. 필요해서 음악을 넣는 대신 상업적 목적을 위해 음악을 억지로 끼워 넣어야 할 상황에 말려들었던 거죠. 생각해보세요. 내용과 별 상관없는 노래를 영화에 삽입하는 가장 좋은 방법은 무엇일까요? 바로 '막간 뮤직 비디오'입니다.

그 결과 온갖 노골적인 술수들이 튀어나옵니다. 〈스텝맘 Stepmom, 1998〉에서 수잔 서랜든과 아이들이 아양을 떠는 장면이 그 대표적입니다. 귀엽긴 해요. 캐릭터와도 대충 맞고요. 그러나 사운드트랙과 연결해 영화 홍보에 이용하려는 속셈이 너무나도 쉽게 드러나서 보고 있노라면 거의 역겨워지기까지 합니다.

그래도 〈스텝맘〉의 노래는 영화의 일부분이기나 합니다. 사운드트랙 앨범을 팔아먹으려는 속셈은 종종 어처구니없는 트릭들을 동반합니다. 가장 대표적인 수법은 라디오에 나오는 음악으로 몇 초쯤 들려준 뒤 그걸 핑계로 앨범에 수록하는 짓이지요. 도대체 왜들 그러는지 모르겠습니다. 머리와 꼬리가 바뀐 것 같아요.

팔아먹으려는 팝송을 끼워 넣을 건덕지가 없을 때도 있습니다. 특히 라디오나 전축이 없던 시절을 다룬 사극이 그렇지요.

그래도 그 사람들은 포기 못합니다. 요새는 엔드 크레딧이

꽤 길기 때문에 거기에 끼워 넣을 수 있거든요. 〈의적 로빈 후드
Robin Hood: Prince of Thieves, 1991〉, 〈타이타닉 Titanic, 1997〉과 같은 영
화들이 대표적입니다. 영화 내내 정통적인 스코어를 고집하다
가 맨 마지막에 팔아먹으려는 팝송을 끼워 넣는 거죠. 그렇게 하
면 영화의 전체 균형이 깨지지 않는다고 생각하는 모양입니다.

그러나 아무리 마지막이라고 해도 전체 균형이 망가지는 것
은 마찬가지입니다. 우스꽝스러워 보이는 것도 어쩔 수 없고요.
여전히 속은 뻔히 들여다보이지요. 아마 미래의 사람들은 이런
뻔한 트릭을 '80, 90년대식 수법'이라고 부르며 놀려댈지도 모
르겠습니다.

후일담 전 이 글을 1999년에 썼습니다. 그동안 거의 20년
이 흘렀지요. 후일담을 추가할 때가 되었습니다.

여전히 팝송들은 영화나 드라마에 쓰이고 있습니다.
단지 쓰임은 정교해졌죠. 팝송을 극적 장면에 적절
하게 끼워 넣는 기술은 미국 드라마에서 아주 중요
해졌습니다. 여전히 뻔뻔스럽게 노래를 팔아먹고 있
지만 모양은 〈노팅 힐〉과 많이 다릅니다. 그 이유 중
하나는 더 이상 극장에서 로맨틱 코미디 장르를 찾
기 힘들어서일 수도 있겠지요. 요새 영화 속 주인공
들에겐 노래 몽타주를 즐길 여유가 없습니다.

'작품의 균형을 깨면서 쉽게 노래 팔아먹기'를 가장 흔하게 접할 수 있는 장르는 K-드라마입니다. 하지만 이런 드라마에 나오는 OST 노래들은 드라마 후반에 와르르 쏟아지는 간접광고처럼 생존을 위해 취할 수밖에 없는 어쩔 수 없는 선택이죠. 〈브람스를 좋아하세요? 2020〉와 같은 클래식 음악가 소재 드라마에서도 이러면 당황스럽지만요.

21

말 바꾸기

세상에서 가장 안이한 코미디 트릭 중 하나입니다. 이런 거죠. 직장에서 신문을 읽는 남자가 있습니다. 그는 신문을 읽다가 뇌물을 주고받은 정치가들에 대한 욕을 늘어놓습니다. 그런데 그는 욕이 끝나자마자 그가 욕을 했던 정치가처럼 노골적으로 뇌물을 뜯으려 합니다.

'말 바꾸기'는 우리의 어리석음과 약함에 대한 비판으로 시작했습니다. 우리는 정말로 이런 어리석은 행동을 할 만큼 아둔한 종족입니다. 도덕적 가치 판단에 대한 우리의 지식은 지극히 관념적이어서 쉽게 우리의 삶에 녹아들지 않고, 만약 녹아든다고 하더라도 우린 그걸 제대로 행할 만큼 강하지 못합니다. 세상엔 정말 뇌물 수수 정치가에 대한 욕을 마치자마자 뇌물을 받아먹는 사람들이 수두룩합니다.

그러나 이런 이야기는 어리석고 진부합니다. 만들기 쉬운 트릭이라 너무 많이 써먹었기 때문이죠. 그리고 우리가 실제로 둔하고 진부한 것과 영화나 텔레비전 속의 사람들이 둔하고 진부한 것은 사정이 다릅니다. 마땅히 그들은 우리보다 더 재미있어야 합니다. 그러려고 돈을 받고 일하니까요.

진실성도 떨어집니다. 우리는 어리석지만 그런 코미디에 나오는 사람들만큼 '노골적으로' 어리석지는 않습니다. 뇌물 정치가 욕을 끝내자마자 뇌물을 받는 남자도 자기 행동에 대한 자의식은 어느 정도 남아있을 겁니다. 그러지 못할 만큼 어리석은 사람이라고 하더라도 코미디에 나오는 것처럼 요란하게 소리를 칠 정도라면 중간에 자기가 무슨 일을 하는지 정도는 알게 되겠죠.

이런 트릭을 말이 되게 하는 방법이 전혀 없는 것은 아닙니다. 〈순풍 산부인과 1998-2000〉에서는 미달이 아빠를 내세워서 '말 바꾸기' 트릭을 꽤 많이 써먹었습니다. 그리고 시청자들은 받아들였습니다. 그것들은 이미 단단하게 구축된 박영규라는 캐릭터에 봉사하는 것들이었으니까요. 우린 정말로 박영규라는 남자가 그런 일을 할 수 있다는 걸 알고 있습니다.

상황을 조금 더 정교하게 만드는 방법도 있습니다. 만약에 뇌물 정치가 욕을 하던 그 사람에게 정말로 뇌물 기회가 들어왔고 그가 이게 '말 바꾸기'라는 걸 알아차린다면? 그가 어떻게든 체면을 차리면서 뇌물을 받으려 복잡한 음모를 꾸민다면? 이런 식으로 나간다면 진실성도 살고 코미디도 믿음직해집니다.

이 상황을 거의 완벽하게 해결한 예를 하나 소개할게요. 영화는 아니고 루이지 피란델로의 「전쟁 War, 1918」이라는 단편소설입니다. 이 소설엔 전쟁터에 아들을 보낸 여자에게 전사한 아들이 있다는 남자가 애국심에 대해 신나게 설교를 합니다. 그런데 그 이야기가 다 끝나고 여자가 "정말 아들이 죽었나요?"라고 묻자 남자는 울기 시작해요. 이 이야기가 먹히는 건 남자가 한 말이 얄팍한 거짓말이 아니었기 때문이지요. 적어도 그 연설을 하는 동안은 자기가 하는 말을 믿었을 겁니다.

22

모방자로서의 예술가, 모방자로서의 영화

이번 클리셰는 '삶에서 영감을 얻는 예술가'(139쪽)와 비슷한데 그보다 더 피상적입니다. 주로 화가들 이야기에게 자주 쓰이죠. 보통 어떤 화가가 그린 그림이 사실은 그가 직접 목격한 실제 상황에 바탕을 둔 것인데, 관객들이 직접 목격하게 되는 그 상황은 화가가 그린 최종 작품과 모양과 구성이 똑같다는 것입니다.

〈미인도 2008〉에서 이런 설정이 쓰였습니다. 이 영화에 따르면 '단오풍정'과 '이부탐춘'과 같은 신윤복의 작품들은 화가가 직접 목격한 실제 장면에 바탕을 둔 것입니다. 영화는 원작의 인물과 구도를 그대로 복사해 실사 화면에 재현하지요.

이해가 됩니다. 영화는 기본적으로 비주얼 매체이니 이 매체가 화가라는 소재를 택했다면 화가의 작품을 재현하거나 재구성하려는 의도를 품고 있는 건 당연하지요. 회화의 정교한 묘사는 까다로운 작업이지만 그만큼이나 재미있는 게임이기도 합니다.

그러나 이런 모사는 기본적으로 얄팍한 게임이기도 합니다. 화가는 카메라가 아닙니다. 보는 걸 그대로 옮기는 사람이 아니지요. 아무리 모델이 되는 사람이나 풍경이 존재한다고 해도 최종 작품이 나오려면 그 재료들은 예술가의 두뇌를 거쳐 재해석되고 재조립되어야 합니다.

그런 면에서 〈바람의 화원 2008〉의 '단오풍정' 에피소드가 〈미인도〉의 에피소드보다 더 재미있습니다. 신윤복이 훔쳐보는 동자승까지 주변 풍경을 그대로 모사하는 〈미인도〉와는 달리 〈바람의 화원〉에서는 풍경을 그대로 옮겨 담지 않죠. 물론 텔레비전에서 젖가슴을 내놓은 여자들을 등장시킬 수 없으니 당연한 것이기도 하지만, 그래도 신윤복이 보는 경치와 실제 '단오풍정' 사이에는 큰 차이가 있습니다. 당연하지요. 신윤복은 여장을 하고 빨간 치마 아가씨와 함께 그네를 타고 있었으니까요! 과장된 설정이지만 예술 작품의 창작 과정에 대한 보다 진실에 가까운 접근법이라고 할 수 있지요.

그런데 이런 모사가 화가의 경우에만 나오는 걸까요? 아뇨, 다른 매체에서도 쓰입니다. 예를 들어 문학요. 하지만 티는 덜

납니다. 어떤 상황을 문장으로 옮긴다는 것 자체가 재해석의 과정인걸요. 음악에서도 가끔 쓰이긴 합니다.

이런 식의 모사가 클리셰에서 탈출할 수 있는 방법은? 예술가와의 직접적인 고리를 끊는 것입니다. 루이스 브뉘엘의 〈비리디아나 Viridiana, 1961〉에 나오는 다 빈치의 '최후의 만찬' 흉내가 클리셰가 아닌 이유는 영화가 다 빈치와 아무런 상관없는 이야기이기 때문이지요.

> 후일담 앞에서 언급한 〈바람의 화원〉에는 김홍도가 호랑이를 직접 보고 '송하맹호도'를 그리는 장면이 나오는데요, 글쎄요, 그 그림은 걸작이지만 아무리 봐도 진짜 호랑이를 보고 그린 것 같지는 않고 그렇게 호랑이를 닮지도 않았습니다. 그 장면은 이 클리셰를 따르면서 화가 김홍도의 시각적 상상력과 기술을 낮추어 보고 있습니다.

23

미션 임파서블 변장

자, 변장 이야기를 해봅시다. 우선 구분부터 하죠. 모든 변장은 두 가지로 나뉩니다. 하나, 다른 사람이 자신을 알아차리지 못하도록 하는 변장. 둘, 특정한 어떤 사람으로 위장하기 위한 변장. 미용과 성형에 관련된 위장도 있겠지만 그것들도 넓게는 첫 번째 구분에 들어갑니다. 그러니 어떤 변장도 이 구분에서 벗어날 수 없습니다.

우리가 중점을 두고 다루려고 하는 것은 두 번째 구분의 변장입니다. 첫 번째 구분의 변장은 실제로도 가능하며 지금도 이루어지고 있습니다. 예를 들어 알렉 기네스와 같은 배우에게 약간의 분장 도구만 준다면 그는 완전히 엉뚱한 사람으로 분장해서 여러분의 눈을 피해 사라질 겁니다. 가능하다? 그렇다면 별 흥미 없습니다. 그러니 잊어버립시다. 그리고 이제 두 번째 변장에 대해 생각해보기로 합시다.

우선 이런 변장이 가능하긴 할까요? 아르센 뤼팽 소설에서는 그게 무척 쉬워 보입니다. 정말 아무런 준비도 없이 몇 초 안에 뚝딱 해치우니까요.

제목을 잊었습니다만, 아주 짜증 나는 결말을 가진 소설이 하나 있었습니다. 거기서 뤼팽은 숙적인 형사부장(가니마르가 아닙니다.)의 눈을 피해 도망쳐야 할 위기의 순간에 놓였습니다. 그러자 그는 변장 도구를 꺼내 들더니 소피아 크리치노프와 농담 따먹기를 해대면서도 몇 초 안에 변장을 다 마칩니다. 그러고 나서 위층에 뤼팽이 자기로 변장하고 있다고 형사들에게 둘러대고는 빠져나오죠.

그런데 그가 그만한 시간 안에 할 수 있는 게 무엇일까요? 가발을 써서 헤어스타일을 바꿀 수는 있습니다. 수염을 붙일 수도 있겠지요. 살색을 바꿀 수도 있겠습니다. 하지만 그뿐입니다. 그런다고 바탕이 되는 얼굴의 형태가 바뀌는 건 아니란 말입니다. 그따위 장난을 친다고 해서 형사들이 그를 상사로 착각한다는 이야기를 믿어야 할까요? 말도 안 되는 소리죠.

이런 엉터리 사기는 소설에서나 먹힙니다. 영화 속에서는 어림없는 일이죠. 직접 보여주어야 하니까.

〈미션 임파서블〉 시리즈는 꽤 그럴듯한 변장의 방법을 보여주고 있습니다. 마틴 랜도가 분한 공작원은 그 방법을 이용해 완벽하게 변장을 하거나 남을 변장시키지요.

그의 방법은 간단합니다. 우선 변장할 대상의 사진을 구합니다. 그리고 변장하는 사람의 석고상 위에다 라텍스를 입혀서 마스크를 만듭니다. 그걸 쓰고 약간의 메이크업을 하면 완성.

그럴듯하다고요? 하긴 얼핏 보면 그래 보입니다. 그래서 이런 변장술이 〈미션 임파서블〉 밖에서도 수없이 쓰이는 것이죠. 바로 이것이 우리가 제목으로 삼은 '미션 임파서블 변장'입니다. 대부분 이런 장면은 모든 사기가 끝난 뒤 주인공이 라텍스 가면을 멋지게 싹 벗어 던지면서 끝납니다.

하지만 이게 정말 가능할까요? 그렇지 않죠. 정말 그럴듯하다면 왜 마틴 랜도가 직접 변장을 하고 연기하지 않았겠어요? 불가능하니까 변장할 때마다 배우를 바꾸는 수작을 부리지요.

불가능한 이유는 다음과 같습니다. 첫 번째로 폼 라텍스와 같은 변장재료 자체가 아직까지는 인간의 피부를 완벽하게 모사할 만큼 정교하지 않습니다. 라텍스 분장이 가장 효과가 좋은 건 노역이나 기형일 때입니다. 젊은 사람으로 분장시키는 건 아카데미상 받은 분장사도 못합니다.

대표적인 예로 〈백 투더 퓨처 Back to the Future, 1985〉를 보죠. 이 영화에서 분장팀은 마이클 J. 폭스의 부모 역을 시키기 위해 리 톰슨과 크리스핀 글로버를 중년으로 변장시켜야 했습니다. 결과가 어땠냐고요? 영화를 한 번 보세요. 얼마나 가짜 티가 나는지.

게다가 입체 분장에도 한계가 있습니다. 눈의 크기나 양미간 넓이 같은 건 속이기 힘이 들지요. 머리의 모양을 바꾸는 것도 힘이 듭니다. 키가 큰 사람을 작게 만들기도 어렵고 뚱뚱한 사람을 날씬하게 만들기도 힘이 듭니다. 아무리 재료가 좋아도 이건 어쩔 수가 없어요.

하지만 이런 '미션 임파서블 변장'은 아직까지 건재합니다. 진부하긴 하지만 그 겉보기의 그럴싸함 때문에 아직 버티고 있는 거죠. 그러나 아슬아슬합니다. 실제로는 너무나도 어려운 일을 아주 쉬운 일로 속이고 있는 것이니까요. 편한 길을 택하면 재미가 떨어지는 법입니다.

그러나 과연 이런 변장을 사실적으로 처리하는 방법은 없는 걸까요? 방법이 없는 것은 아닙니다. 다시 한 번 소설의 예를 들어보죠.

윌리엄 아이리시의 「상복의 랑데뷰 Rendezvous in Black, 1948」에 재미있는 예가 하나 나옵니다. 여기서 여자 경찰은 미치광이 살인범의 죽은 애인으로 변장해서 살인범을 끌어내려고 합니다. 이 경우도 〈미션 임파서블〉과 같은 입체 분장의 방법을 씁니다.

하지만 이 경우는 〈미션 임파서블〉의 경우보다 납득할 만합니다. 우선 여자 경찰이 배회하는 시기는 주로 밤이라서 메이크업이 들통나지 않을 수 있습니다. 그리고 경찰에는 인원이 많으니 애당초부터 비슷한 사람을 뽑아 쓸 수 있었다고 생각할 수 있으니까요.

영화에서는 이런 조건 제한을 이용한 트릭이 사실성을 강화하기 위해 종종 쓰입니다. 영화판 〈미션 임파서블〉에서 톰 크루즈는 상원의원으로 변장해야 합니다. 영화에서는 두 명의 배우에게 이인 일역을 시키는 대신 톰 크루즈에게 일인이역을 시킵니다. 톰 크루즈가 상원의원으로 변장을 해서 상원의원으로 연기를 하고 나중엔 같은 분장으로 상원의원으로 변장한 톰 크루즈의 캐릭터를 연기하지요.

아까보다는 낫지만 그래도 문제는 있습니다. 여전히 라텍스를 얼굴에 붙인 게 드러난다는 거죠. 이건 아직까지는 어쩔 수 없는 모양입니다.

그렇다면 포기해야만 하는 걸까요? 꼭 그런 건 아닙니다. 사실 '미션 임파서블 변장'을 하지 않고도 두 번째 종류의 변장을 아주 효과적으로, 그리고 사실적으로 해낼 수 있거든요.

패트리샤 하이스미스는 「리플리 The Talented Mr. Ripley, 1955」에서 그 일을 멋지게 해내고 있습니다. 이 작품은 르네 클레망에 의해 〈태양은 가득히 Plein soleil, 1960〉라는 제목으로 영화화되었고 안소니 밍겔라가 소설 제목을 그대로 살려 다시 영화화했습니다. 변장은 소설의 절반을 차지하는 중요한 요소입니다. 그리고 영화에서도 아무런 트릭 없이 사용되고요. (밍겔라의 영화는 못 봤지만 그 영화에서 트릭 같은 걸 사용할 리 없다는 건 분명합니다.)

이 소설(그리고 영화들)에서 리플리는 친구 디키를 살해하고 그로 변장하고 다니지요. 여기서 그는 머리색을 바꾸는 등의 간단한 분장만을 하고 나머지는 연기로 커버를 합니다. 이 정도만 해도 통해요. 리플리가 만나는 사람들은 디키를 직접 만난 적이 없거든요. 물론 한계가 있죠. 리플리가 두 번째 살인을 하는 것도 그 때문입니다.

하지만 그 디테일의 엄밀함과 묘사의 사실성은 '미션 임파서블 변장'에 비할 게 아닙니다. 적어도 더 좋은 분장 재료가 나올 때까지 이보다 더 나은 해결책이 나올 것 같지는 않습니다.

후일담 이 글을 쓴 후 시간이 많이 흘렀습니다. 그동안 분장술엔 상당한 발전이 있었지요. 하지만 위에서 언급된 문제점이 현실 세계에서는 해결되지는 못했습니다. 여기서 현실 세계라고 말한 이유는 디지털 분장이라는 새로운 영역이 등장해, 배우들이 정말 온갖 모습으로 변신할 수 있었기 때문이지요. 마틴 스콜세지의 〈아이리시맨 The Irishman, 2019〉은 세 주연 배우에게 노역이나 젊은 분장을 시키는 대신 디지털 분장을 시키는 모험을 했습니다. 이런 기술이 이후의 〈미션 임파서블〉 영화에 영향을 끼칠 가능성은 분명히 있습니다. 예를 들어 변장을 하지 않은 주인공의 모습이 담긴 CCTV의 영상을 조작할 수 있지 않을까요? 하지만 현실 세계에서 이 분장의 한계는 여전히 존재하지요.

24

반짝반짝 우주복

우리가 영화 속에서 보는 미래는 사실 과거의 반영입니다. 그 시대 사람들의 상상력이 극도로 부푼 결과는 대부분 우스꽝스럽죠. 영화를 만들던 당시 사람들의 상상력은 과거에 갇혀 있을 수밖에 없었으니까요. 당시 사람들이 가지고 있었던 재료와 기술도 문제가 있고요.

그 때문에 종종 재미있는 결과가 생깁니다. 1950년대 영화들을 지금 보면 그 당시 패션들은 고색창연하고 고전적일 뿐, 시대에 뒤떨어졌다는 생각은 들지 않습니다. 그건 시대에 고정된 예스러운 옷들일 뿐, '유행에 뒤진 옷'은 아닙니다. 하지만 1950년대에 만들어진 SF 영화를 보면 사정은 다르지요.

우린 이런 시각적 이미지에 익숙합니다. 알루미늄 포일로 만든 것 같은 반짝거리는 우주복, 역시 그만큼이나 반짝거리고 매끈거리는 비행접시들, 빈 깡통들을 이어 만든 것 같은 뚱뚱한 로봇들…

다들 이유가 있죠. 반짝거리는 우주복은 당시엔 첨단이자 현실이었습니다. 막 우주시대에 접어들던 시절이었으니까요. (30년대 〈플래시 고든〉 만화 주인공들의 옷들은 결코 '반짝거리지' 않습니다.) 매끈매끈한 표면의 비행접시 역시 당시 한창 유행이었던 UFO 열풍과 관계있고요. 당시 사람들은 당시엔 최첨단이었던 유행들을 극도로 확장한 것입니다.

그러나 이런 것들은 그렇게 현실적이지 못합니다. 반짝거리는 옷들은 보기에 불편합니다. 〈스타 트렉〉 시리즈의 승무원들이 입고 나오는 스판덱스 옷은 불편하고 똥배를 가차 없이 노출시킵니다. 비행접시는 너무 미래적이라 우리에게 충분한 현실감을 주지 못합니다.

이런 유행은 60년대 말부터 조금씩 깨지기 시작했습니다. 〈2001: 스페이스 오디세이 2001: A Space Odyssey, 1968〉가 그 대표적인 예지요. 하디 에이미스*가 디자인 한 비행 승무원의 의상이나 평상복을 제외한다면, 이 영화는 그렇게 촌스러워 보이지 않습니다. 그건 이 영화에 등장하는 우주선이나 우주 정거장들

---

* 영국 여왕 옷을 담당한 것으로 유명한 전설적인 패션 디자이너.

이 패션에 종속되기보다는 엔지니어들의 기술적 상상력에 바탕을 더 두고 있었기 때문입니다. 이런 것들은 쉽게 낡을 수가 없지요.

이런 유행을 보다 화끈하게 깬 것은 바로 조지 루카스의 〈스타워즈〉였습니다. 〈2001: 스페이스 오디세이〉의 디자인을 개선한 것이 엄숙한 과학적 논리였다면, 〈스타워즈〉는 현실성과 참신한 상상력을 조합한 결과였습니다. 50년대 선배들이 파놓았던 '미래성의 함정'에서 결국 빠져나오고 말았던 거죠.

요새 나오는 거의 모든 영화들의 비주얼은 〈스타워즈〉의 영향 하에 놓여있습니다. 심지어 스판덱스 옷의 창시자였던 〈스타 트렉〉의 새 시리즈도 그렇지요. 요즘 SF 영화에 나오는 옷은 우리가 입는 옷에 보다 가까우며 미래 세계도 현실적이 되었습니다.

그러나 예외는 있는 법입니다. 반짝거리는 우주복과 우주선은 나름대로의 매력이 있으니까요. 〈보이저 Star Trek: Voyager, 1995-2001〉의 캐릭터 세븐 오브 나인이 입고 나오는 착 달라붙은 점프슈트 같은 것은 어떤가요. 제리 라이언의 몸매를 강조해 남성 시청자들을 유혹하려는 의도가 너무 노골적이라 민망하지만.

<u>**후일담**</u> 새 스타 트렉 시리즈인 〈피카드 Star Trek: Picard, 2020-〉에 나오는 세븐 오브 나인은 고맙게도 그 이상한 점프 슈트에서 해방되었습니다. 박수 치고 반길 일입니다.

25
별자리 강의

시트콤 〈똑바로 살아라 2002-2003〉의 정명이에겐 천체 관측 취미가 있습니다. 괜찮은 천체 망원경을 하나 가지고 있고 틈만 나면 별을 보러 나가지요. 좋은 취미입니다.

문제는 그 친구가 취미를 연애 생활까지 연장할 때입니다. 여기서부터 그는 괜찮은 취미를 가진 젊은 남자에서 느끼한 스테레오 타입이 됩니다. 꼬시고 싶은 여자를 끌고 가서 이런 대사를 늘어놓는 거죠. "저 별자리가 무엇인지 아세요?…"

젠장.

우린 이런 장면들을 정말 끝도 없이 봤습니다. 대부분 별자리에 대해 약간의 지식이 있는 남자가 밤하늘을 바라보며 여자에게 자신의 그 얄팍한 지식을 뽐내는 것이죠. 여자가 남자한테 그러는 경우는 거의 없습니다. 꼭 남자들이에요. 그것도 꼭 별자리고요.

아마 이건 우리나라에 특별히 인기가 더 많을 겁니다. 우리나라 교과서에도 실려있는 알퐁스 도데의 단편 「별 Les Étoiles, 1869」이 그 원조가 아닐까요? 물에 젖고 지친 지주의 딸을 옆에 앉혀놓고 별자리와 별에 대해 강의하던 그 양치기를 기억하세요? 어느 순간부터 그는 우리의 무의식 속에 자리 잡고 한국 문화의 일부가 되어버린 것 같습니다.

「별」은 좋은 단편입니다. 하지만 이걸 흉내 내는 건 따분합니다. 우선 "저 별자리가 무엇인지 아세요?"라고 말하는 남자들 중 도데의 양치기처럼 환상적인 지식을 갖춘 사람은 많지 않습니다. 다들 그리스 신화에서 빌려온 뻔한 스토리만 반복하고 있지요.

그리고 도대체 왜 다들 별자리 이야기만 하는 겁니까? 그동안 세상은 많이 변했습니다. 별과 우주에 대한 우리의 지식도 더 늘어났고요. 하늘엔 별자리보다 더 흥미진진한 게 많습니다. 하지만 전 이런 식으로 말하는 남자들은 단 한 번도 본 적 없습니다. "저기 직사각형의 끝을 이루는 백조자리 별이 보이세요? 저 별은 백조자리 61번 성인데, 사실 5.3등성과 5.9등성으로 이루어진 이중성으로 두 별이 약 7세기를 주기로 느린 회전운동을 하고 있지요." 과학 지식이 너무 건조하다면 약간의 역사는 어때요? "백조자리 61번은 연주시차를 이용해 지구와의 거리를 측정한 최초의 별입니다. 독일의 천문학자 F.W. 베셀이 1838년에 처음으로… 참, 그 이전에 연주시차라는 것을 설명해야 하는데, 연주시차란 지구의 공전을…" 이게 맘에 안 든다면 약간의 문학지식을 가미하는 건 어떨까요? "할 클레멘트는 이 연성계에 존재하는 보이지 않는 천체에 영감을 얻어 그의 걸작 「중력의 임무 Mission of Gravity, 1953」의 메스클린 행성을…"

이런 이야기가 지겨워요? 연애하러 온 것이지 학교 수업을 받으러 온 게 아니라고요? 그렇다면 도대체 세상이 다 아는 별자리 이야기에 뒤늦게 감탄하며 입을 딱 벌리고 있어야 할 이유는 도대체 뭘까요.

후일담 지금 이 주제는 맨스플레인에 통합될 수 있을 것 같습니다. 별자리 이야기뿐만 아니라 제가 대안으로 제시한 천문학과 SF에 대한 잘난 척까지 포함해서요. 그리고 저 드라마의 여자 주인공들은 이미 비슷한 연애 경험을 통해 별자리에 대한 상세한 지식을 갖고 있는데도 여자 주인공 행세를 하느라 지루함을 참고 모른 척하고 있었을 수도 있겠군요. 하지만 그를 통해 얻은 게 과연 뭘까요.

26

보골보골 회상신

우리가 당연하다고 생각하고 있는 영화적 트릭들은 사실 그렇게까지 당연한 것이 아닙니다. 클로즈업, 편집, 화면 분할… 모두 지극히 인공적인 트릭이지요. 영화에 대해 아는 것이 전혀 없는 사람들이라면 이런 것들에 굉장히 당황해할 수밖에 없습니다.

우리가 이런 것들을 당연하다고 생각하는 것은, 우리가 태어났을 때부터 다양한 영상 매체를 통해 장르에 대한 교육을 받아왔기 때문입니다. 우리에게 클로즈업은 물고기한테 물이 자연스러운 것처럼 자연스러운 것입니다.

하지만 처음에도 그랬을까요? 물론 아니었어요. 요새 관객들이, 옛날 영화들이 지나치게 자상하고 설명이 많다고 생각하는 이유도 그 때문입니다. 당시엔 정말로 그런 설명이 필요했어요.

대표적인 예가 보글보글 회상신입니다. 자, 우리의 영화감독은 관객들에게 과거 회상을 보여주려 합니다. 무성 영화라면 아마 '그녀는 전쟁 전의 그 행복했던 시절을 회상했다'나 뭐, 그 비슷한 자막으로 영화가 지금부터 회상으로 돌입할 것이라는 것을 밝힐 수 있을 겁니다. 하지만 유성 영화에서는 어떻게 할까요? 내레이션으로 '지금부터 회상입니다!'라고 말해야 할까요?

그럴 수는 없죠. 그래서 그들은 다른 수를 썼습니다. 가장 잘 쓰이는 것은 뒤에 하프나 그 밖의 몽롱한 소리를 내는 악기가 보글보글 소리를 내는 음악을 연주하고 화면이 흐릿해지는 것입니다. 여기서부터 영화는 현실에서 벗어나 주인공의 뇌가 만들어내는 몽롱한 영상 속으로 돌입하는 것입니다.

이런 수법은 꽤 오래갔습니다. 〈리버티 밸런스를 쏜 사나이 The Man Who Shot Liberty Valance, 1962〉나 〈형사 The Detective, 1968〉 같은 60년대 영화에서까지 꽤 진지하게 쓰이고 있으니까요.

그러나 70년대에 들어서자, 보글보글 회상신은 시대에 뒤떨어진 유행이 되어 버렸습니다. 사실 60년대에도 시대에 뒤떨어진 것은 마찬가지였지요. 어렸을 때부터 영화라는 장르에 물든 새 관객들에게 그건 너무 뻔한 트릭이었지요. 그들은 갑자기 화면이 바뀌어도 그게 회상이라는 것을 쉽게 이해했습니다. 감독들도 그런 그들을 믿기 시작했고요.

그러자 이런 몽롱한 회상은 농담거리가 되었습니다. 대표적인 경우가 〈못말리는 비행사 Hot Shots!, 1991〉입니다. 찰리 쉰이 아버지에 대한 진상을 듣는 장면은 전형적인 '보골보골 회상신'이죠.

남자 주인공에겐 없다
애인 잃은 남자 주인공들의 영화

메멘토 | 무간도 | 괴물 | 다이하드 | 황해 | 업
아이 엠 샘 | 부산행 | 우주전쟁 | 강변호텔 | 존 윅
끝까지 간다 | 토니 에드만 | 맨체스터 바이 더 씨
박물관이 살아있다 | 조디악 | 그랜 토리노 | 관상
밀리언 달러 베이비 | 나, 다니엘 블레이크
침입자 | 클로젯 | 아저씨 | 데몰리션 | 프레스티지
굿 윌 헌팅 | 서치 | 오베라는 남자 | 인터스텔라
니모를 찾아서 | 인셉션 | 세븐 파운즈 | 올드보이
레버넌트 | 이퀄리브리엄 | 버드맨 | 공공의 적
셔터 아일랜드 | 쇼생크 탈출 | 글레디에이터

27

부모랑 똑같이 생긴 아이들

끌로드 를루슈의 〈사랑과 슬픔의 볼레로 Bolero, 1981〉는 주인공들의 머릿수가 주연 배우들의 두 배 가까이 되는 영화입니다. 어떻게 그럴 수 있느냐고요? 간단해요. 제2차 세계대전부터 80년대 초에 이르는 세월이 흐르는 동안, 배우들은 부모들과 아이들 모두를 연기하거든요. 당연히 아이들은 모두 부모들과 똑같이 생겼습니다. 심지어 책 커버의 사진을 본 눈썰미 좋은 사람이 그 작가의 연락 끊긴 부모를 찾아주는 에피소드도 있었지요. 작가가 너무 늦었다고 한탄하자, 그 눈썰미 좋은 아저씨는 말합니다. "그러게 책을 좀 일찍 쓰셨다면…"

'부모랑 똑같이 생긴 아이들'은 '도플갱어'(59쪽) 클리셰의 변형입니다. 나름대로 타당한 설정이죠. 아이들은 부모들과 어느 정도 닮기 마련이니까요. 블라이드 대너와 기네스 팰트로를 보세요. 잉그리드 버그먼과 이자벨라 로셀리니는 어떤가요?

물론 동성의 부모와 완벽하게 닮은 자식들은 없어요. 아무리 닮았다고 해도 전달되는 유전자는 절반에 불과하니까요. 기네스 팰트로와 이자벨라 로셀리니도 어머니의 복제품은 아니잖아요. 그런데도 불구하고 '부모랑 똑같이 생긴 아이들'의 설정은 계속 등장합니다. 여전히 편리하기 때문이지요.

〈원더우먼 Wonder Woman, 1975-1979〉 텔레비전 시리즈를 볼까요. 이 시리즈는 두 번째 시즌부터 제2차 세계대전이 한창이던 40년대를 떠나 70년대로 옮겨가는데, 여전히 스티브 트레버가 원더우먼의 파트너 역할을 합니다. 단지 이번 트레버는 스티브 트레버 주니어죠. 같은 배우를 2시즌에도 등장시키기 위해 아빠와 똑같은 아들이라는 술수를 썼어요. 〈원더우먼〉 시리즈에서는 아니었지만, 종종 이런 설정은 죽지 않는 초자연적인 주인공의 연애를 보다 긴 시간 동안 이어갈 수 있게 도와주는 술수이기도 합니다. 죽지 않고 늙지 않는 주인공이 옛사랑의 딸이나 아들과 사랑을 나누는 식이죠.

를루슈의 〈사랑과 슬픔의 볼레로〉에서 이런 설정은 30여 년간의 긴 시간을 간편하게 요약정리하기 위한 도구입니다. 부모와 자식들을 다른 배우들이 연기한다면 더 사실적이긴 하겠지만 산만해지겠죠. 이런 영화들에서 배우들이 연기하는 건 한 명의 캐릭터가 아니라 하나의 혈통입니다.

이런 장치는 종종 사람들이 당연하다고 생각하지만 사실과는 거리가 먼 어떤 것을 정당화시켜주는 역할을 하기도 합니다. 그게 뭐냐고요? 혈통이지요. 부계혈통은 생물학적으로 별다른 의미가 없습니다. 모계혈통도 마찬가지고요. 아무리 Y염색체와 미토콘드리아를 부계나 모계를 통해 물려준다고 해도 하나의 강처럼 흐르는 생물학적 연속성은 존재하지 않는 거나 마찬가지지요. 하지만 같은 배우들이 같은 부계 성을 쓰는 캐릭터들을 몇 세대에 걸쳐 연기할 때는 그런 착각이 은근슬쩍 정당화됩니다.

28

부장섹스

한가람 감독의 〈아워바디 2018〉에는 엉뚱하게 논쟁이 된 장면이 있습니다. 소위 '부장섹스'라는 별명으로 불리지요. 주인공 자영은 아르바이트하는 회사의 인턴 면접을 준비 중인데, 어느 날 밤, 이 면접을 담당하는 정 부장과 섹스를 합니다. 당연히 회사에서는 사실에 기반을 둔 나쁜 소문이 퍼집니다. 여기까지 보면 익숙한 상황이죠. 하지만 자영의 동기는 겉보기와는 전혀 다릅니다. 자영은 이미 정 부장 없이도 인턴에 합격할 조건을 갖추고 있었습니다. 자영이 정 부장과 섹스를 한 이유는 나이 든 남자와 하는 섹스가 얼마 전에 죽은 친구 현주의 섹스 판타지였기 때문이지요. 그러니까 겉보기와 다른 사정인데, 당사자인 주인공도 이를 온전히 설명할 수 없다는 것이 이 장면의 내용입니다.

당사자에겐 까다롭지만 영화 도입부부터 자영의 경로를 따라온 관객들에겐 그리 이해하기 어려운 장면도 아닙니다. 당연히 불쾌함을 동반하지만 그거야 의도고요. 그런데 사정이 충분히 설명되고 주제가 뻔한데도 불구하고 주인공이 부장과 섹스를 했다는 사실 자체에 벌컥하는 사람들이 SNS에 나타납니다. 이들은 '젊은 여자가 취직하기 위해 나이 든 남자와 섹스를 한다'라는 클리셰적 설정만 보고 그 이상을 넘지 못합니다. 그리고 그 앞에서 이 영화를 '부장섹스' 영화라고 부르기 시작합니다. 〈아워바디〉가 흥행에 실패한 결정적인 이유 중 하나였을 거예요. 나쁜 입소문.

비슷한 예로 '에놀라 홈즈 코르셋'이 있습니다. 낸시 스프링거의 추리소설 시리즈를 각색한 넷플릭스 영화 〈에놀라 홈즈 Enola Holmes, 2020〉의 주인공 에놀라는 19세기 페미니스트 엄마 밑에서 진보적인 교육을 받은 여자아이입니다. 여자다운 습관, 코르셋, 화장 같은 걸 경멸하는 씩씩한 아마추어 탐정이지요. 하지만 오빠인 셜록과 마이크로프트 홈즈의 추적을 피하고 실종된 어머니를 찾기 위해서는 19세기 영국 사회로 잠입해야 하고 당연히 다양한 변장이 필수입니다. 어떨 때는 남자아이로 변장하기도 하지만 어떨 때는 연상의 숙녀로 변장하기도 해야 하지요. 영화와 소설은 에놀라를 통해 19세기 영국의 복장이 어떻게 당시 여성들의 삶을 제한했는지 꾸준히 이야기합니다. 이 시리즈에서 가장 자주 집요하게 등장하는 주제지요.

하지만 SNS의 수많은 사람들이 변장을 위해 에놀라가 코르셋을 입는 순간 사고가 멎어버렸습니다. '주인공이 스스로 코르셋을 입는 순간' 에놀라는 변명이 허용되지 않는 대죄를 짓는 것이 되었고 수많은 사람이 드라마 안에서 코르셋을 입은 여자의 익숙한 그림 너머의 의미를 읽기를 거부했습니다. 눈앞에 읽고 토론해야 할 명료한 주제가 빤히 보이는데도 외면하고 거기서 멈추었던 것입니다.

지금 전 이걸 SNS적인 현상이라고 보고 싶습니다. 다른 곳에서라면 당연히 반격을 받고 소멸할 것들조차 SNS에서는 비슷비슷하게 생각이 짧은 사람들 사이에서 가속기 안의 입자처럼 돌며 불필요하게 긴 수명을 유지합니다.

문제는 이 세계가 점점 커지면서 인터넷 바깥의 세계에 영향을 끼치고 있다는 것이죠. 이야기꾼을 업으로 하고 있는 저는 특히 걱정이 됩니다. 이 책에 실린 모든 클리셰들은 모두 어떤 식으로든 쓰일 수 있습니다. 많은 이야기꾼에게 이들은 빼앗아 쓰는 적의 무기이고 양날의 검이기도 합니다. 원래의 모습으로 가져와 위장막으로 쓸 수도 있고 의미를 뒤집어 적의 목을 벨 수도 있지요. 가능성은 무궁무진합니다. 하지만 오로지 표면만을 읽고 거기서 멈추는 걸 당연하게 여기며 심지어 자랑스러워

하는 사람들이 늘어나고 이들의 피드백이 커진다면 이야기꾼의
세계는 어떻게 될까요?

29

불로불사

'심슨 가족'이 데뷔한 건 1989년입니다. 제가 이 글을 쓰고 있는 2020년에도 종영되지 않았으니 30년이 넘었어요. 미국 프라임 타임 드라마 역사상 가장 긴 수명의 기록을 세운 작품입니다.

그런데 이 작품은 괴상한 구석이 있습니다. 30년의 세월이 흘렀지만, 이 시리즈의 주인공들은 단 한 살도 나이를 먹지 않았어요. 바트는 언제나 10살이고, 리사는 언제나 8살, 마지는 언제나 1살이지요.

이것을 플로팅 타임라인(Floating Timeline)이라고 합니다. 애니메이션, 코믹북, 장르 소설에서 주로 사용되지요. 시리즈가 계속되면서 몇십 년의 세월이 흐르지만 주인공과 주변 인물들은 전혀, 또는 거의 나이를 먹지 않아요. 그러니까 이상해지는 거죠. 에드 맥베인의 경찰물 「87분서」 시리즈는 분명 50년대에 시작했는데, 그때부터 나이를 별로 먹지 않은 주인공들이 2005년까지 계속 경찰서에 남아 21세기의 첨단 기기들을 이용하며 활동하고 있는 겁니다. 좀 으스스하지 않나요.

만화의 경우엔 융통성이 있습니다. 슈퍼히어로 중엔 나이를 먹지 않는 사람들도 있지요. 시리즈를 계속 다시 시작하는 경우도 많고요. 연속성이 그리 중요하지 않기 때문에 융통성이 자연스러운 캐릭터도 있습니다. 미키 마우스가 정확히 몇 살인지 신경 쓰는 사람은 아무도 없지요.

단지 이건 실사 영화나 드라마에서는 잘 먹히지 않습니다. 애니메이션이나 코믹북, 소설과는 달리, 배우들이 나이를 먹으니까요. 하지만 이를 활용하는 실사 시리즈가 없는 건 아닙니다. 두 개의 예를 들어보겠어요.

일단 '제임스 본드' 시리즈입니다. 소설 시리즈가 시작될 때 제임스 본드는 어느 정도 분명한 나이가 있는 캐릭터였습니다. 제2차 세계대전에 참전한 군인이었으니까요. 그런데 시리즈가 계속되면서 이 설정이 조금씩 흐려지기 시작했습니다. 숀 코너리와 로저 무어는 실제 제임스 본드보다 조금 젊은 정도였지만 티모시 돌튼, 피어스 브로스넌으로 이어지면서 나이가 엄청나게 젊어졌고 이언 플레밍의 본드로부터 완전히 분리되었습니다. 그래도 별문제가 없었던 건 그때까지 본드 영화들은 대부분 연속성에 신경을 쓰지 않았기 때문입니다. 캐릭터와 스타일만 유지한다면 관객들은 그 배우가 누구이건 그냥 본드라고 믿었어요.

이 전통을 깬 게 다니엘 크레이그의 본드입니다. 이전 본드 영화들과는 달리, 〈007 카지노 로얄 Casino Royale, 2006〉 이후 본드 영화는 하나의 스토리로 이어졌고, 본드의 경력과 나이를 비교적 꼼꼼하게 밝혔습니다. 그 때문에 궁금해지는 거죠. 이제 더 이상 아무 일도 일어나지 않은 것처럼 새 배우를 본드라고 우기기 어려워졌습니다. 다음 본드 영화는 이 문제를 어떻게 해결할까요?

두 번째 예는 〈콜롬보 Columbo, 1968-2003〉입니다. 피터 포크가 연기한 LA 경찰국의 형사요. 본드와는 달리 콜롬보 캐릭터를 연기한 배우는 단 한 명이었습니다. (적어도 텔레비전 시리즈에서는요.) 그리고 이 시리즈는 1968년에 시작해서 1978년에 종영되었습니다. 장수 시리즈였지만 여기까지는 정상적이었습니다. 하지만 〈콜롬보〉 시리즈는 1989년에 다시 시작되어 피터 포크의 사망 직전까지 계속 만들어졌습니다. 이게 가능했던 것은 이 시리즈가 일종의 TV 스페셜의 형식을 취하고 있었기 때문에 비교적 융통성 있는 제작이 가능했기 때문입니다.

그러니 이상해집니다. 피터 포크도 보통 사람이니까 계속 나이를 먹습니다. 그런데 30여 년의 세월이 흐르는 동안 콜롬보는 여전히 직급이 Lieutenant(우리나라에서는 그냥 반장이라고 번역했지요.)이고 여전히 똑같은 푸조 고물차를 몰고 다니고 여전히 그냥 '개'라고 부르는 바셋 하운드를 기릅니다. 그리고 그 오랜 세월 동안 수많은 유명 인사를 체포했는데 어느 누구도 콜롬보가 누군지 모르죠!

30

비극적 게이 로맨스

이 분야에 대해서는 「리플리」 시리즈의 저자 패트리샤 하이스미스가 저보다 훨씬 상세히 설명해줄 겁니다. 하이스미스는 1952년에 클레어 모건이라는 필명으로 「소금의 값 The Price of Salt, 1952」이라는 레즈비언 러브 스토리를 쓴 적 있습니다. 83년에, 그녀는 그 소설의 후기에 다음과 같이 당시의 상황을 설명하고 있습니다.

그 당시 동성애 소설들은 모두 비극적인 결말로 끝났다. 보통 그 소설들은 남자들의 이야기였다. 그런 이야기들은 두 주인공 중 한 명이 자기 손목을 긋거나 근사한 저택의 수영장에서 몸을 던지면서 끝이 났다. 아니면 파트너에게 작별 인사를 하고 스트레이트가 되면서 끝나거나.

왜 이렇게 되어야 했을까요? 일종의 사회적 순응이라고 해야겠지요. 동성애자 캐릭터들이 영화나 소설이 끝날 때까지 멀쩡하게 살아남는다면 그 작품은 부도덕하고 위험한 작품으로 평가받았을 테니까요. 하지만 비극적인 결말로 끌어간다면 사람들은 그걸 동성애에 대한 경고쯤으로 여기고 작품을 받아들입니다. 물론 많은 이성애자 작가의 손에 들어가면 그건 진짜 경고였어요. 〈셀룰로이드 클로지트 The Celluloid Closet, 1995〉 후반부에 나오는 끔찍한 장면들을 아시나요? 다양한 동성애자 캐릭터들이 비참한 종말을 맞는 장면만 편집해서 내보냈었지요.

동성애자 관객과 독자들이 그토록 해피 엔딩을 열망했던 것도 이상한 일이 아닙니다. 그들에게 해피 엔딩은 할리우드의 뻔한 해피 엔딩과는 달리, 정치적 선언이었습니다. 앞에서 언급한 소설 「소금의 값」도 그런 혁명적 작품이었어요. 그 소설에서 주인공 테레즈와 캐롤은 끝에서 맺어집니다. 보다 정확히 말하면 맺어진다고 암시하며 끝났죠. 소설이 발표되었던 52년엔 충격적인 결말이었어요.

그러나 정상적인 해피 엔딩으로 끝나는 동성애 영화나 소설들이 양산되려면 시간이 좀 더 필요했습니다. 소설은 조금 빨랐지만, 영화는 대충 80년대 중반부터 본격화되었던 것 같아요. 90년대에 들어서는 해피 엔딩으로 끝나는 게이 로맨틱 코미디는 아주 흔한 장르가 되어 버렸습니다. 요샌 지나치게 많다는 생각이 들 정도죠.

이제는 비극적으로 끝나는 게이 로맨스도 슬슬 새로운 생명력을 얻을 때가 되지 않았나 싶습니다. 증오스러운 클리셰에서 다양성의 한 부분으로 변할 때가 된 것이죠. 하긴 비극적인 로맨스도 있어야 재미있지 않겠어요?

우리나라는 어떨까요? 원래 나온 영화나 책도 별로 없지만, 여전히 사람들은 당연히 동성애 이야기는 비극적으로 끝나야 한다고 생각하는 모양입니다. 과거에 두 편의 레즈비언 소재 단막극이 텔레비전에서 방영된 적 있었는데, 그 이야기들은 정말로 그 옛날의 구식 '비극적 게이 로맨스' 클리셰를 그대로 반복한 것이나 다름없었습니다. 용감하게 게이 소재를 다룬 건 칭찬해주고 싶지만, 그래도 소식이 너무 늦었던 것이죠.

후일담 그동안 상황은 많이 바뀌었어요. 수많은 나라에서 동성혼이 법제화되었고 LGBT 소재의 영화들도 엄청나게 늘어났지요. 여전히 한계는 있습니다. 최근 미국 텔레비전에 나오는 LGBTQ 캐릭터의 사망률은 수상쩍을 정도로 높다는 통계가 있어요. 하지만 그래도 지금의 관객들은 보다 여유롭게 결말의 다양성을 기대할 수 있게 되었습니다.

그만큼이나 놀라웠던 건 위에서 언급한 「소금의 값」

이 영화화되었다는 것이죠. 케이트 블란쳇이 캐롤로
나오는 영화를 볼 수 있을 거라고는 당시에 상상도
못 했었지요.

31

비밀 조직의 디자이너

〈가제트 Inspector Gadget, 1983-1986〉 시리즈의 악당 클로 박사는 매드 일당이라는 비밀 조직의 우두머리입니다. 전 세계를 돌아다니며 비밀스러운 음모를 꾸미는 이 악당들을 구별하기는 쉽습니다. 모두 매드 일당의 표식을 달고 있고 종종 유니폼까지 입고 있거든요. 이들이 누군지 눈치채지 못하는 사람은 단 한 명, 변장한 자기 집 개 브레인을 쫓느라 정신없는 주인공 가제트뿐입니다.

〈가제트〉는 좀 노골적인 경우입니다. 하지만 매드 일당까지는 아니더라도 영화 속의 비밀 조직들은 비밀보다는 디자인에 은근히 더 신경을 쓰는 듯합니다. 미드 〈다크 앤젤 Dark Angel, 2000-2002〉의 맨티코어라는 조직은 엄연한 비밀 단체지만 단체의 목표를 상징하는 표식과 로고, 레터링까지 따로 있잖아요. 그 사람들은 왜 그런 로고를 디자인한 걸까요? 홍보가 전혀 필요 없는 단체인데?

디자인은 다른 데도 필요합니다. 악당들이 세상을 멸망시킬 로봇을 만들었다고 칩시다. 엔지니어들만 가지고는 로봇을 만들 수 없어요. 디자이너가 필요합니다. 그리고 영화 속의 악당들이 상당히 비싼 디자이너들을 고용하고 있다는 건 악당들의 로봇과 우주선의 모양만 봐도 알 수 있습니다.

이것과는 조금 다르지만, 특별히 다를 것도 없는 예는 그런 비밀 조직의 컴퓨터 안에 있습니다. 우리의 주인공 해커가 조직의 컴퓨터에 잠입했습니다. 슬쩍 들여다봐도 인터페이스가 사용자 위주로 광장히 편리하게 잘 짜여져 있다는 걸 알게 됩니다. 물론 디자인도 엄청 잘 되어 있고요. 이게 비밀 조직의 컴퓨터라는 걸 알려주는 건 자상하게 화면 위에 깜빡이는 '패스워드를 입력하세요.'라는 명령어뿐입니다. 도대체 비밀 유지 따위는 아무도 신경 쓰지 않는 것 같아요.

하긴 아무리 비밀스러운 일에 신경을 쓰는 악당들이라고 해서 자기 나름대로 멋을 내지 말라는 법도 없고, 불편하게 구성된 인터페이스로 시간 낭비해야 한다는 법도 없죠. 하지만 그런 디자이너들은 도대체 어디서 데려왔을까요? 그 세계에는 비밀 조직만 전담하는 디자이너들이 따로 있는 걸까요?

"망토는 안 돼! (…)
망토가 껴서 다칠 수도 있어."
– 슈퍼히어로 의상 디자이너, 에드나 모드 〈인크레더블 The Incredibles, 2004〉

32

비행접시

모든 UFO가 접시처럼 생긴 건 아닙니다. 심지어 이 표현을 만든 케네스 아놀드*가 목격한 UFO도 우리가 생각하는 접시 모양은 아니었습니다. 오히려 부메랑과 비슷한 모양이었지요. 하지만 그들 중 접시 모양을 한 것들이 상당히 많았던 것도 사실이고, UFO 열풍이 한창이던 50년대엔 가장 인기 있는 모양이되었습니다.

여기서부터 재미있는 일이 일어납니다. 접시 모양의 외계인 우주선이 지구 대중문화의 일부로 자리 잡은 것이죠. 만약 접시 모양 UFO가 정말로 외계인의 우주선이라면 이건 굉장한 일

---

* 1947년에 최초로 UFO를 목격한 미국의 비행사이자 사업가.

입니다. 다른 행성의 문화가 지구의 디자이너들에게 실제로 영향을 끼친 것이니까요. 물론 회의주의자들은 보다 쉬운 답을 낼 수도 있습니다. UFO 열풍 이전에 이미 니콜라 테슬라가 접시 모양의 비행체를 예언했지요. 비행접시의 디자인도 우리 것일 가능성이 있어요.

하여간 50년대 미국 SF 영화에 나오는 외계인들의 우주선은 대부분 접시 모양이었습니다. 어느 정도 과학이 발달된 미래를 다룰 경우, 지구인들의 우주선도 접시 모양인 경우가 많았죠. 당시 할리우드 영화쟁이들은 될 수 있는 한 '사실'에 충실하려 했던 거예요. 심지어 〈우주수복전 This Island Earth, 1954〉과 같은 영화는 유명한 UFO 사진을 보고 디자인을 그대로 복사하기까지 했습니다. 이럴 때 디자인의 저작권은 어디에 있는지 궁금해요.

60년대에 들어오면서 사람들은 슬슬 이 디자인에 신물이 나기 시작했습니다. 이때부터 조금씩 디자인의 변주가 시작되지요. 가장 유명한 건 〈스타 트렉〉 시리즈에 나오는 엔터프라이즈호입니다. 이 우주선의 디자인은 아주 단순한 아이디어에서 시작되었죠. 기존의 비행접시 모양에 로켓 모양을 덧붙인 것입니다.

70년대에 들어서면서 비행접시의 위치는 점점 더 축소되어 갔습니다. 조지 루카스가 제2차 세계대전 당시 비행기와 함선을 모델로 〈스타워즈〉 우주선을 만든 뒤로는 더욱 그랬습니다. 비행접시는 '사실'에 가까울 수는 있어도 영화가 제공해주려는 속도감과 공격성을 표현하기엔 모자라는 점이 많았습니다.

지금은? 여전히 비행접시를 등장시키는 영화들이 있지만 대부분 고풍스러운 효과를 내는 데에 만족하고 있습니다. 〈인디펜던스 데이 Independence Day, 1996〉는 작정하고 만든 구식 외계인 침략 영화이고 〈팀 버튼의 화성침공 Mars Attacks!, 1996〉은 50년대 영화의 패러디지요. 50년대 고전 SF의 리메이크인 〈지구가 멈추는 날 The Day the Earth Stood Still, 2008〉에서도 비행접시 대신 구형의 우주선을 등장시키고 있지요.

33

빙글빙글 신문지

1920년대에서 60년대 사이, 스튜디오 시절 할리우드에서 자주 쓰였습니다. 스토리 내에서 엄청난 사건이 일어나면 갑자기 극적인 음악과 함께 그 사건에 대한 기사가 실린 신문의 1면이 빙글빙글 돌면서 클로즈업되다 갑자기 정지하는 거죠.

이런 식의 접근법은 당시엔 거의 필수적이었습니다. 우선 이들은 관객들에게 세상이 그 사건을 어떻게 바라보고 있는지, 그렇게 신문을 빙빙 돌리는 동안 무슨 일들이 일어나고 있는지에 대한 정보를 전달해야 합니다. 하지만 그러는 동안 결코 지금까지 쌓아놓은 긴박감을 놓쳐서는 안 되지요. 요새 같으면 텔레비전을 쓰면 되겠지만 당시엔 그런 게 없었지요. 당연히 어떻게든 비교적 정적인 매체인 신문을 역동적으로 꾸며야 합니다. 어쩌겠어요? 흔들거나 돌려야죠.

이제 거의 사용되지 않습니다. 적어도 진지한 의도로 사용되는 일은 거의 없죠. 요새 '빙글빙글 신문지' 수법이 사용되는 건 대부분 코미디 장르입니다. 이미 모든 사람들이 이 수법이 웃기다고 인정했다는 증거죠. 당연한 일이에요. 이런 수법은 굉장히 형식주의적이라 쉽게 낡죠. 게다가 요샌 텔레비전이 훨씬 자연스럽게 역동적인 정보들을 제공해주는 도구 역할을 하니까요.

그래도 약간 변형된 후손들이나 친척들이 남아 있기는 합니다. 케네스 브래나 감독은 〈환생 Dead Again, 1991〉에서 살인사건에 대한 정보들을 담은 신문들 위로 카메라를 움직이며 그 복고적인 느낌을 즐기는 것처럼 보였죠. 요샌 카일 쿠퍼의 영향을 받은 현란한 오프닝 크레딧에 신문들을 구겨 넣어 초반 정보를 제공해주는 경우도 많고요.

> 후일담 이제는 종이 신문을 읽는 사람들이 거의 없기 때문에 시대극이 아닌 이상 신문지를 이런 역할의 소도구로 삼는 건 거의 불가능해졌습니다. 요새 이 역할을 위해 불려오는 건 신문사 빌딩의 대형 스크린이나 역의 텔레비전입니다. 그리고 이것들도 최근엔 재미없는 클리셰가 되었어요. 다른 도구가 있다면 안 쓰는 게 좋습니다.

34

사극 목욕신

이 장르에 적절한 수위의 에로티시즘을 불어넣기 위한 인기 수단입니다. 그림은 대부분 비슷합니다. 커다란 나무통 안에 물을 담아놓고 여자 배우들을 집어넣는 것이죠. 노출은 웬만한 시상식 드레스보다 덜합니다. 몸 대부분이 물속에 들어가고 가슴 노출 없으며 심지어 목욕하는 동안에도 가벼운 옷을 입고 있지요. 드러나는 것은 어깨와 팔 정도. 무대가 야외로 옮겨지면 약간의 변형이 있고, 장르가 영화라면 노출의 정도는 더 심해질 수 있습니다. 하지만 지상파 텔레비전이라면 한계는 명확하죠.

　그럼에도 불구하고 텔레비전 사극에서 누군가가 목욕을 하면 매스컴에서는 난리를 칩니다. 〈왕녀 자명고 2009〉에서 박민영의 목욕신이 나온다는 소식이 뜨자마자 -SBS 갈수록 대담해지는 '목욕신 노출'… 낯뜨거운 시청률 상승 쿠키뉴스, -'자명고'도 벗어?…여배우 노출없는 사극 안되나 세계일보 같은 기사들이 뜹니다. 하지만 대담해져봤자 어깨와 가슴골이 살짝 보일 정도이며 이 정도면… 말을 말죠.

왜 저 사람들은 이렇게 환장하는 걸까요? 그거야 수십 년 동안 길들여진 결과 조건반사화되었으니까요. 목욕을 하기 힘들었고 여자들의 노출이 적었던 시절의 고정 관념이 사극이라는 타임 캡슐을 타고 지금까지 이어졌어요. 현대극에서 같은 수준의 노출이 나온다면 아무도 신경을 안 쓸걸요.

따지고 보면 노출 논란도 다 짜고 치는 고스톱인 것이죠. 이 정도의 노출로는 현대 시청자들을 자극할 수 없어요. 매스컴에서 노출과 에로티시즘을 과장해 광고해주어야 하는 겁니다. 그리고 정말 사람들은 거기에 넘어가요.

후일담 넷플릭스 드라마 〈보건교사 안은영 2020〉엔 사극 목욕신과 비슷한 장면들이 나옵니다. 주인공 안은영이 작은 이동식 욕조를 마루에 가져다 놓고 목욕을 하는데 그림이 꽤 비슷하게 나와요. 하지만 여긴 사극 목욕신이 갖고 있는 간질간질한 에로티시즘의 흔적은 전혀 찾아볼 수 없습니다. 우리가 보는 것은 하루의 피로를 푸는 지친 직장인의 일상일 뿐입니다.

"벗어라, 그럼 오르리라."

- 기사 내용 중
「SBS 갈수록 대담해지는 '목욕신 노출'… 낯뜨거운 시청률 상승 쿠키뉴스, 2009」

35

사극대사

한국 시대물 대사의 흥미로운 점은 이들에게 뿌리가 없다는 것입니다. 영어 시대물 대사와 비교해보기로 하겠습니다. 빅토리아조가 배경인 영화라면 작가들은 상당히 정교하게 당시 시대 말투를 재현할 수 있습니다. 셰익스피어 시대까지 간다면 조금 힘들어지지만 그래도 지금까지 읽히는 고전에 바탕을 둔 대사를 쓸 수 있습니다. 현대화되어도 가짜는 아닌 것이죠.

하지만 한국 사극은 사정이 다릅니다. 한국전쟁 시기만 해도 한국 사람들은 지금과 많이 다른 어휘와 억양을 썼습니다. 우리가 타임머신을 타고 200년 전의 조선시대로 간다면 사람들의 말을 거의 알아듣지 못할 것입니다. 200년 전이라면 제인 오스틴의 시대입니다. 많은 한국인들에게 제인 오스틴의 책은 당시 조선시대 사람들이 쓴 말과 글보다 가깝습니다. 일단 그동안 한국어가 급속도로 바뀌기도 했고, 당시 한국 사람들이 생산한 중요한 텍스트 대부분은 한문으로 쓰였으니까요.

자, 이럴 경우 당시의 언어를 어떻게 재현해야 할까요? 많은 사극 작가들은 조선왕조실록의 한국어 번역본을 자료로 삼습니다. 하지만 그것만 가지곤 왕과 신하들이 정확히 어떤 언어로 대화를 했는지 알 수 없습니다. 옛 한국어 대화를 한문으로 옮긴 것을 다시 현대 한국어로 옮긴 것이니까요.

평민들, 천민들, 여자들의 언어는 그보다 자료가 더 적습니다. 언문 자료들이 있습니다. 지금도 꾸준히 발굴되고 있지요. 하지만 그동안 사극 작가들은 그들만의 스타일을 개발하기 시작했고 이 진짜 텍스트들은 오히려 사람들에게 낯설게 느껴집니다.

지금 사극 언어는 대부분 20세기 초반의 역사 소설가들이 만들고 20세기 중후반의 사극 작가들이 이어받은 것입니다. 그리고 조선시대 사람들보다는 일본어와 일제시대 사람들의 사고방식을 더 많이 반영하고 있습니다. (과연 실제 조선시대 부부가 사극에 나오는 사람들처럼 말을 했을까요?) 심지어 어떤 때는 서양 언어의 번역체이기도 합니다. 놀랄 만큼 많은 사극이 '그녀'라는 대명사를 사용합니다. 현대 한국 사람들도 일상어에선 잘 쓰지 않는데 말이죠. 어떤 말투와 습관은 창작되기도 합니다. 신하들이 입을 모아 '통촉하여 주시옵소서'라고 합창하는 장면 같은 건 현대 사극의 창작입니다.

모든 사극의 고증이 정확해야 할 필요는 없습니다. 당시 텍스트를 신성화할 필요도 없고요. 하지만 한국 사극이 과거를 재해석하는 방식은 좀 갑갑한 구석이 있습니다. 원본과의 소통이 끊어진 상태에서 끊임없이 이전의 사극이 만들어낸 습관을 물려받는 것입니다. 퓨전 사극들이 유행하면서 이 경향은 심해졌죠.

사극은 과거와 현대의 대화입니다. 우린 꾸준히 새로운 시선으로 과거를 보아야 할 필요가 있습니다. 하지만 이는 사람들이 남긴 실제 자료를 읽으며 당시를 읽는 과정과 병행되어야 합니다. 이걸 하지 않으면 모든 게 지루해집니다.

예를 들어 여균동 감독은 〈1724 기방난동사건 2008〉이라는 영화를 만든 적 있었습니다. '조선시대에 조폭들이 있었다면 어땠을까?'라는 아이디어에 바탕을 두었다나요. 하지만 조금만 관심이 있는 사람이라면 당시 이미 검계(劍契)와 왈짜라는 범죄조직이 있었다는 걸 알고 있을 겁니다. 사극에 억지로 21세기 한국 조폭을 넣는 것이랑 역사적 자료와 상상력을 이용해 당시 범죄조직을 재현하는 것 중 어느 게 더 도전적이고 재미있는 작업일까요?

후일담 20세기 한국어는 보다 까다로운 소재입니다. 일단
한국 사람들은 90년대만 해도 지금과 많이 다른 투

로 말을 했습니다. 일제시대, 한국전쟁 당시는 또 다른 어투와 어휘로 이야기했고요. 이 당시의 어투를 재현하는 건 굉장히 재미있는 작업이 될 텐데, 아마 사람들은 자연스럽게 받아들이지 못하겠지요.

그래도 사람들이 신경 쓰길 바라는 부분이 있습니다. 바로 욕입니다. 〈고지전 2011〉은 장점이 많은 전쟁영화였지만 대사는 무척 지루했는데, 그건 이들이 쓰는 언어가 모두 시대를 전혀 반영하지 않고 있었고 욕은 모조리 최근 20여 년에 나온 몇 안 되는 단어들로 제한되어 있었기 때문입니다. 저에겐 조선시대 병사들이 기관총을 쏘는 것처럼 시대착오적으로 느껴졌습니다. 당시 욕설을 그대로 재현할 필요는 없습니다. 하지만 뭐가 있는지 한 번 들여다보기만 했어도 지금보다 훨씬 재미있는 대사가 나왔을 거예요.

개인적으로 전 요새 한국 사람들이 욕을 정말 못한다고 생각합니다. 하정우의 감독 입봉작 〈롤러코스터 2013〉에는 욕을 잘 하는 설정의 남자가 두 명 나오는데, 다들 실망스러울 정도로 못합니다. 비속어 몇 개를 돌려쓰기만 할 뿐, 창의력도 없고 어휘도 짧습니다. 고전을 접하지 않아서 그런 게 아닌가 싶어요. 구두문학의 한계인 건지.

36

사랑 이야기

왜들 영화 만드는 사람들은 그렇게 사랑 이야기에 집착하는 걸까요. 연애 영화라면 이해가 가지만 왜 전혀 상관없는 영화에도 사랑 이야기를 꼭 액션 사이에 끼워 넣으려는 걸까요?

〈코드네임 콘돌 Three Days of the Condor, 1975〉이란 영화가 있습니다. 콘돌은 언제 목이 달아날지 모르는 스파이입니다. 그런 친구가 한가하게 페이 더너웨이랑 연애할 여유가 있겠습니까? 〈39계단 The 39 Steps, 1935〉을 보면 원작에는 여성 캐릭터가 한 명도 없지만, 영화 속의 하니는 수갑으로 얽힌 체육 교사랑 연애를 합니다. 물론 죽자고 쫓기면서요.

가장 중요한 이유는 관객들이 연애 이야기를 좋아한다는 것입니다. 하지만 관객들은 액션도 좋아하고 서스펜스도 좋아합니다. 왜 그렇게 연애 이야기만 매달리는 걸까요? 종족보존을 위한 본능이 그렇게까지 강렬한 것일까요?

여기에 다른 이유가 추가됩니다. 사람들은 성 균형이 깨진 영화를 보고 싶어 하지 않습니다. 여자만 나오는 영화나 남자만 나오는 영화는 일반 관객들에게 그렇게 어필하지 않습니다.

그런데 얼마 전까지만 해도 액션과 서스펜스, 정치적 모험담 따위엔 여성 캐릭터가 등장할 구석이 별로 없었습니다. 그렇다면 여자를 어디다 넣어야 하지? 방법은 하나밖에 없었습니다. 남자들과 연애하게 시키는 거죠.

이러자 대충 균형이 맞았습니다. 남자 주인공의 연애는 영화판에서 뛰는 많은 여성 배우들에게 일자리를 제공해주었습니다. 관객들도 만족했고요.

그러나 '남자의 연애 상대' 역은 여성 배우들에게 타이프라이터(타자기)와 같은 것이었습니다. 19세기 말과 20세기 초의 여성들에게 타이프라이터는 귀중한 발명품이었습니다. 경제적인 독립을 이룰 수 있는 수익을 보장해주었으니까요. 하지만 이는 동시에 여성의 직업 다양성을 제한하고 억압하기도 했습니다. 처음에는 좋았지만 갈수록 짐이 되었던 것이죠. 이런 역들은 여성 캐릭터들이 '연애'를 통하지 않고서는 어디에도 나가지 못하게 막았습니다.

그러는 동안 세상은 바뀌었습니다. 이제 많은 여성들이 사회에 진출했고 우린 다양한 직종의 여성들이 화면 위에서 직업인으로 뛰는 것을 자연스럽게 생각합니다.

그러나 그러는 와중에도 이들의 역은 제한됩니다. 물론 직장 여성도 사람이니까 연애도 하고 실연도 하지요. 그러나 영화계의 굳은 머리들은 이들을 독립적으로 이용하는 대신 예전처럼 남자 주인공 주변에 고정했습니다. 여전히 연애는 접착제로 사용되었고요. 단지 이때 여성은 의사나 심리학자 따위로 직업이 붙어 있을 뿐이지요.

슬슬 솔직해질 때가 되었지만 옛 습관은 쉽게 죽지 않습니다. 보다 공정한 역할 배정이 돌아가려면 꽤 시간이 걸릴 거예요.

"제가 이 배역을 맡기 전에 요구한
단 하나는 '삼각관계는 하지 않겠다'였어요.
영화사는 잘 알겠다며, 제게 약속하더군요.
제작 막바지에 재촬영을 하게 되었는데
그들이 갑자기 원하는 게 생겼다는 거예요.
전 이렇게 생각했죠. '올 게 왔구나!'"

– 에반젤린 릴리(타우리엘 役)
〈호빗 : 스마우그의 폐허 The Hobbit: The Desolation of Smaug, 2013〉에 대한 인터뷰

37

사실은 유령이 아니거든?

(수많은 추리물과 공포물의 스포일러들이 난무합니다.)

이 공식이 가장 인기를 끌었던 건 고딕 소설의 전성기였습니다. 특히 앤 래드클리프의 소설들이 그랬죠. 황폐하고 낡은 대저택에서 유령이 한 짓이 분명한 일들이 일어납니다. 하지만 막판에 보면 이 모든 것들은 비교적 현실적인 설명으로 충분히 해결되는 일이었죠. 래드클리프의 이 수법은 그 뒤에도 수많은 작가들에게 영향을 끼쳤는데, 샬롯 브론테의 「제인 에어 Jane eyre, 1847」나 프랜시스 호그슨 버넷의 「비밀의 화원 The Secret Garden, 1911」도 그 영향권 안에 들어 있다고 할 수 있겠습니다.

이 공식은 에드가 앨런 포가 추리소설이라는 장르를 창시한 뒤로 새로운 인기를 끌었습니다. 포의 첫 추리소설인 「모르그가의 살인 The Murders in the Rue Morgue, 1841」도 이 공식에 속한다고 할 수 있어요. 거의 초자연적인 존재에 의해 저질러진 것처럼 보이는 불가능 범죄가 알고 보니 달아난 오랑우탄의 짓이었다는 것으로 결론지어지니까요. 수많은 작가들이 이 수법을 사용했는데, 그중 가장 주목할만한 작가는 존 딕슨 카입니다. 카의 대표작들은 대부분 유령, 투명 인간, 불사인간, 마녀, 가문의 저주와 같은 고딕 소설의 호러 요소들을 재료로 삼은 본격 추리물이죠. 그는 이런 트릭에 지나치게 매료된 나머지 종종 아슬아슬하게 선을 넘기도 했습니다. 그의 대표작 「화형법정 The Burning Court, 1937」은 추리물로도, 초자연적인 호러물로도 완벽하게 기능하는 양면도형적인 구성을 취하고 있습니다.

이 공식이 본격적으로 호러 영화에 이식된 건, 피에르 브왈로와 토마 나르스자크의 소설 「이제는 존재하지 않는 사람 Celle qui n'était plus thomas, 1951」이 앙리 조르주 클루조 감독에 의해 〈디아볼릭 Les Diaboliques, Diabolique, 1955〉이라는 영화로 만들어진 뒤부터입니다. 알프레드 히치콕의 〈현기증 Vertigo, 1958〉도 같은 부류에 드는 작품이지만, 이 장르에서는 보다 싼 작품들이 대세를 이룹니다. 이탈리아 호러 스릴러의 장인인 에밀리오 미랄리아의 작품들이 그 흔한 예들 중 하나이죠. 대부분 이런 작품에서 유령의 짓으로 여겨지는 일들은 순전히 누군가를 겁주거나 죽이기 위해 지나칠 정도로 공들여 조작한 연극입니다. 은근슬쩍 호러 분위기를 내서 단서를 감추려는 존 딕슨 카의 소설보다 악질적이고 더 비현실적이죠. 그렇기 때문에 이런 작품들이 추리물보다는 호러의 영역에 남는 것이지만요.

한국 영화를 예로 들어보죠. 김지운 감독의 히트작인 〈장화, 홍련 2003〉은 긴 머리 여자 귀신이 나오는 정통적인 호러를 의도하다 갑자기 사이코 스릴러로 돌변하는 작품입니다. 물론 그 뒤에 또 긴 머리 귀신이 나오긴 하지만 형식적으로 이 작품은 40년대에 유행했던 정신분석 미스터리와 더 비슷하죠. 안상훈 감독의 〈아랑 2006〉 역시 〈장화, 홍련〉과 개념은 같은데, 트릭은 존 딕슨 카나 브왈로/나르스자크에 더 기울어져 있습니다. 전자가 다소 불안정한 정신이 만들어낸 환상에 바탕을 두고 있다면, 후자는 영리한 지능범의 계획범죄입니다.

38
사악한 쌍둥이

쌍둥이는 언제나 사람들을 매료시킨 소재였습니다. 쌍둥이 둘
을 뒤섞어서 사람들을 혼란시키는 코미디는 로마 시대부터 있
었습니다. 셰익스피어도 두 번이나 이 트릭으로 코미디를 만들
었고요. 「실수연발 The Comedy of Errors, 1591~1592」과 「십이야 Twelfth
Night, 1602」가 그 작품들입니다. 현대로 가면 에리히 캐스트너의
「두 로테 Das doppelte Lottchen, 1949」와 같은 동화가 있지요. (이 작
품은 할리우드에서 〈페어런트 트랩 The Parent Trap, 1961/1998〉이라는 제목
으로 두 차례나 영화화되었습니다.)

이 코미디 트릭이 약간 뒤틀린 것이 '사악한 쌍둥이'입니다.
설정은 대충 다음과 같습니다. 쌍둥이 한 쌍이 있는데, 한쪽은
극단적으로 착하고 다른 한쪽은 사악함 그 자체입니다. 사악한

쌍둥이는 착한 쪽 행세를 하며 착한 쪽의 재산이나 애인을 빼앗으려는 음모를 꾸밉니다.

베티 데이비스가 〈스톨른 라이프 A Stolen Life, 1946〉와 〈데드 링거 Dead Ringer, 1964〉에서 이런 역들을 그럴싸하게 해낸 적 있습니다. 설정은 극적입니다만 그만큼 지독하게 작위적이기도 합니다. 결국 이 트릭은 시작부터 어느 정도 수준에 오를 운명이 아니었습니다. 이 트릭을 이용한 영화가 그렇게 많지 않은 것도 그 때문입니다.

그러나 일단 싸구려로 나가려고 작정한 장르에서는 사정이 다릅니다. 막 나가는 장르, 특히 미국 소프 오페라에서는 이처럼 좋은 게 없었습니다. 사악한 쌍둥이의 자극적인 면이 이 장르에 딱 들어맞았던 거예요.

요새 이 클리셰는 소프 오페라에서보다 소프 오페라에 대한 농담에서 더 자주 쓰이는 것 같습니다. 드라마 〈프렌즈 Friends, 1994-2004〉에서 조이가 자기 스토커를 쫓아내기 위해 자신의 '사악한 쌍둥이' 노릇을 하는 것이 그 대표적인 예입니다. 사악한 쌍둥이는 기억 상실과 함께 소프 오페라식 야한 선정주의의 상징이 되어 버렸습니다.

39

사이버 호접몽

SF 장르에 흔히 사용되는 도구 중 하나입니다. 주인공이 지금까지 현실 세계인 줄 알았던 것들이 알고 봤더니 컴퓨터가 만들어낸 가상 현실이라는 것이죠.

이런 영화나 소설의 대부분이 사이버펑크 장르이기 때문에 이 도구가 사이버펑크 작가의 발명품이라고 생각하기 쉽지만, 사실 이 도구는 사이버펑크보다 훨씬 오래되었습니다. 사이버펑크 이전의 작가인 필립 K. 딕은 이미 가상 현실을 다룬 여러 걸작을 쓴 적 있습니다. 「Time Out of Joint 1959」는 그 대표적인 예죠. 이 소설의 주인공은 자기가 살고 있는 1950년대가 사실은 미래의 군부가 만들어낸 가상 현실이라는 걸 알게 됩니다.

그리고 물론 필립 K. 딕은 이런 소재를 다룬 최초의 사람이 아닙니다. 심지어 SF 이전에도 '삶은 꿈'이라는 소재는 넘치고 넘쳤었습니다. '호접몽'은 가장 유명한 예고 우리나라에는 '조신의 꿈'과 같은 게 있죠. 이런 이야기는 세계 어디든지 있습니다. 꼭 동양적인 것이라고 할 수도 없지요.

'사이버 호접몽'을 이용했다고 해서 그 작품이 모두 진부하다고 할 수는 없습니다. 단지 그걸 진부하게 이용할 때만 작품이 진부해지는 것이죠.

순진하게 '이 모든 것이 가상 현실이었어!'를 오 헨리식 반전으로 사용하는 작가가 있다면 장르 독자들의 야유를 받을 겁니다. 그런 트릭은 이미 오래전에 유효기간이 끝났습니다. 하지만 '사이버 호접몽'을 이용할 수 있는 방법은 그것뿐만이 아닙니다. 가상 현실은 다양한 형이상학적 가제트를 동원할 수 있는 배경이 될 수 있고 순수한 액션의 공간으로도 쓰일 수 있습니다. 문은 열려 있습니다. 작가가 머리만 쓴다면 말입니다!

그러나 진부해지지 않는 것은 쉽지 않습니다. 특히 장르 밖 작가들은 이런 소재를 아주 만만하게 보는 경향이 있습니다. 그 결과는 대부분 유명한 이름을 건 진부한 작품으로 끝나고 맙니다만.

더 지겨운 것은 장르 밖 평론가들의 진부함입니다. 대충 이런 내용을 영화 몇 편으로 때운 이 양반들은 잽싸게 호접몽이나 불교 인식론과 이런 이야기의 연관성을 보고 마치 새로운 것을

'발견'이라도 한 것처럼 떠들어댑니다.

편리한 구분법이 만들어집니다. 사이버펑크 영화를 평하는 비평자가 '호접몽'에 대한 언급을 한 문장 이상 한다면, 여러분은 그 평론가가 그 장르나 개별 영화에 대해 아는 것이 아무것도 없다고 확신해도 됩니다.

<u>후일담</u> 이제 사이버 호접몽 어쩌구를 떠드는 평론가들은 멸종했다고 보시면 됩니다.

40

사이코패스 연쇄살인마

연쇄살인마 이야기의 역사는 깊습니다. 가장 먼저 떠오르는 건 역시 악명 높은 영국의 연쇄살인자인 잭 더 리퍼지요. 로렌스 블록의 동명 소설을 영화화한 알프레드 히치콕의 〈싸이코 Psycho, 1960〉도 끝에 가보면 연쇄살인마의 이야기라는 것이 밝혀집니다. 연쇄살인마는 실제로 존재하고 픽션을 쓰는 사람들은 선정적인 현실*에서 아이디어를 얻으니까 이 자체는 별 이상할 것도 없습니다.

1980년대부터 이 사람들은 양식화된 존재가 되었습니다. 여기에 일차적인 책임이 있는 사람은 '한니발 렉터' 시리즈의 작

---

* 〈싸이코〉의 노먼 베이츠는 실제 연쇄살인마 에드 게인의 영향을 받은 캐릭터이다.

가 토머스 해리스입니다. 1981년부터 시작된 한니발 렉터 시리즈는 독특한 종류의 연쇄살인마를 허구의 세계에 끌어들였습니다. 지적이고 고상한 취향을 가졌지만, 인간 세계의 도덕률에서 자유로운 사이코패스 말이죠. 한 마디로 렉터는 연쇄살인마를 섹시한 존재로 만들었습니다. 시리즈의 두 번째 소설인 「양들의 침묵 The Silence of The Lambs, 1988」이 조나단 드미 감독에 의해 동명의 영화로 만들어지면서 한니발 렉터는 연쇄살인마의 기준점이 되었습니다.

렉터의 영향을 받은 연쇄살인마들은 순식간에 매체를 잠식하기 시작합니다. 그리고 미칠 듯이 진부해졌지요. 한국 케이블 채널 OCN은 이들의 아지트인데, 그들 중 가장 진부한 캐릭터를 뽑으라면 드라마 〈보이스 2017〉 첫 시즌의 모태구를 들 수 있겠습니다. 이 캐릭터가 가장 진부할 때는 살인을 저지를 때가 아니라 욕조에서 클래식 음악을 감상할 때라는 점을 지적하고 싶군요.

이들에 대해 더 자세히 알고 싶다면 영화 평론가나 칼럼니스트의 책 대신 범죄 심리 전문가의 저서를 읽으세요. 전 상식적인 것만 지적하겠습니다. 렉터류의 연쇄살인마는 허구 기반의 인물로, 쉽게 공허해집니다. 심지어 렉터 자신도 예외는 아니었죠. 〈양들의 침묵〉이 성공적이었던 건 그 소설의 주인공이 연쇄살인마를 수사하는 캐릭터 클라리스 스탈링이었고 렉터는 스탈

링을 돕는 스승이었기 때문입니다. 그 작품에서 렉터는 여전히 연쇄살인마였지만 클라리스에 대한 감정은 인간적이었고 그 때문에 의미 있는 이야기가 만들어졌습니다. 하지만 인간 규칙을 초월하는 천재 어쩌구로 그리기 시작하면 의미 있는 이야기가 만들어질 구석이 별로 없습니다. 선정주의의 반복일 뿐이죠. 그리고 허구의 놀이를 위해 실제로 존재하는 범죄자들을 근거 없이 미화하는 행위는 무책임하기 짝이 없습니다.

41

사촌 올리버 신드롬

'사촌 올리버 신드롬(Cousin Oliver Syndrome)'은 미국 텔레비전 세계의 속어입니다. 여기서 '사촌 올리버'는 미국의 히트 텔레비전 시리즈 〈브래디 번치 The Brady Bunch, 1969-1974〉의 어린이 캐릭터로, 마지막 시즌 끝의 여섯 에피소드에 출연했지요. 그 때문에 '사촌 올리버'는 인기를 잃어가는 시리즈가 탈출구를 뚫기 위해, 또는 시즌이 거듭되는 동안 나이를 먹은 어린이 캐릭터들을 대체하기 위해 새로 투입한 어린 캐릭터들을 가리키는 표현으로 굳어졌습니다.

어떤 캐릭터들이 있을까요? 많아요. 〈버피 Buffy the Vampire Slayer, 1997-2003〉의 다섯 번째 시즌에 갑자기 등장한 버피의 동생 던, 〈스쿠비 두 The Scooby-Doo, 1976-1991〉 시리즈 중간에 갑자기 등장한 스쿠비의 조카 스크래피 두, 〈못말리는 번디 가족 Married... with Children, 1987-1997〉 후반 시즌에 잠시 등장했다 사라진 펙의 친척 소년인 세븐, 〈코스비 가족 만세 The Cosby Show, 1984-1992〉의 후반 시즌에 출연해 루디로부터 예쁜 소녀의 자리를 빼앗은 올리비아는 모두 '사촌 올리버'의 대표적인 예죠.

이 클리셰는 시리즈의 붕괴를 알리는 전조처럼 여겨지고 있지만 사실 시리즈마다 성격은 모두 다릅니다. 〈못말리는 번디 가족〉의 세븐처럼 아무짝에도 쓸모없는 캐릭터들도 있지만 모두 그런 건 아니죠. 예를 들어 〈버피〉에서 던은 시리즈의 절정이라고 할 수 있는 다섯 번째 시즌의 중요한 일부였습니다. 〈코스비 가족 만세〉의 올리비아도 실패한 캐릭터라고 할 수는 없고요.

그럼에도 불구하고 '사촌 올리버'는 시리즈의 팬들로부터 그렇게 좋은 취급을 받지는 않습니다. 캐릭터가 좋건 나쁘건, 그들은 기계적으로 팬들에게 왕따를 당해요. 이미 익숙한 캐릭터들이 옹기종기 모여있는 곳에 생판 모르는 애가 끼어들어 귀여운 척을 하니 그냥 싫은 겁니다. 그 때문에 종종 이들의 날카로운 반응을 국외자들이 이해할 수 없는 경우도 많지요.

그러고 보니 생각나는군요. 전 왜 〈스쿠비 두〉의 팬들이 스크래피 두를 그렇게 싫어하는지 몰랐답니다. 그렇게 매력적인 캐릭터라고 생각하지는 않았지만, 증오의 대상이 될 만한 존재라

고 생각하지도 않았기 때문이죠. 다른 팬들과 달리 그렇게 스크
래피 두에 관대할 수 있었던 건, 제가 〈스쿠비 두와 스크래피 두
Scooby-Doo and Scrappy-Doo, 1979-1983〉 시리즈를 먼저 보아서 그 강
아지의 존재를 처음부터 당연시했기 때문이었어요.

42

삶에서 영감을 얻는 예술가

이 클리셰는 영화 탄생 이전부터 존재해 왔습니다. 아마 문명이 생겨났을 때부터 있었겠지만, 보편화된 것은 예술가들이 영웅화되기 시작한 낭만주의 시대부터입니다.

요약하자면 이렇습니다. 한 예술가가 있는데 그는 살아가면서 계속 거창한 삶의 파도와 충돌하고 그때마다 거기에 영향을 받은 걸작을 내놓는다는 것이죠.

이런 예는 스튜디오 시대의 할리우드가 만들어낸 예술가 전기 영화에서 특히 많이 찾아볼 수 있습니다. 〈미완성 교향곡 Unfinished Symphony, 1934〉에서 실연한 슈베르트는 쓰다 만 교향곡 악보를 내던지며 장엄하게 외칩니다. "내 사랑이 완성되지 않는 한 이 작품은 결코 완성되지 않을 것이다!" 다른 예는 〈셰익스피어 인 러브 Shakespeare in Love, 1998〉에서 찾을 수 있습니다. 이 영화를 보면 「로미오와 줄리엣 Romeo and Juliet, 1597」의 모든 요소들은 그가 바이올라와 연애를 하면서 얻어낸 것들입니다.

별로 이상한 상상은 아닙니다. 사람들은 걸작을 만들어낸 예술가의 삶 역시 그처럼 아름다울 거라고 생각하니까요. 그리고 예술가의 작품이 그 사람 삶의 일부라는 건 분명하므로 당연히 삶과 작품과의 상호 연관은 있기 마련이죠.

그렇다면 왜 이것이 문제가 될까요? 그건 대부분의 스테레오타입처럼 이런 예술가의 모습도 현실을 '모두' 반영하고 있지 않기 때문입니다. 영감을 건전지처럼 안에 쏙 넣어주면 후다닥 걸작을 완성해내는 예술가는 거의 없습니다. 아마 전혀 없을지도 모르죠. "나는 갑작스러운 영감을 바탕으로 이 작품을 완성했다!"라고 주장하는 낭만주의 시대 예술가들의 작품을 자세히 들여다보면 그네들의 주장이 모조리 허풍이었다는 사실을 알 수 있습니다. 5분짜리 짧은 노래 정도야 영감만으로 나올 수 있겠죠. 하지만 웬만한 무게가 있는 작품들은 영감만으로는 어림 없습니다.

로맨틱한 전기 영화감독들이 툭하면 잡아다 쓰는 베토벤 같은 양반을 한 번 볼까요? 베토벤의 작품들을 걸작으로 만드는 것은 멜로디 같은 것이 아니라 작품 전체를 관통하는 완벽한 구성미입니다. 구조를 위해 개별 요소를 끼우고 맞추고 조립하고 균형을 잡아내는 작업은 영감과 전혀 상관없는, 사실 거의 수학적인 작업입니다. 5번 교향곡을 쓸 때 베토벤은 '운명이 문을 두드린다' 어쩌구에는 신경도 쓰지 않았을 겁니다. 그러기엔 신경 써야 할 복잡한 작업이 너무 많았을 것이기 때문이죠!

그러나 이런 식으로는 영화를 만들 수 없습니다. 보는 재미가 없어요. 영감을 받고 후닥닥 써 갈기는 예술가로는 영화가 됩니다. 극적인 장면도 많고 장면 전환도 빠르지요. 하지만 베토벤과 같은 진짜 예술가의 진짜 삶을 다룬 영화를 만든다면 그건 시계공의 작업장을 구경하는 것과 별로 다르지 않을 겁니다.

중요한 것은 이 뻔한 이야기를 어떻게 신선하게 되살리느냐입니다. 관객들이 가진 예술가상을 그대로 따르면서 클리셰에서 벗어나는 것은 결코 쉬운 일이 아닙니다. (〈셰익스피어 인 러브〉는 꽤 성공한 편이지만 그 역시 완벽했다고는 못하겠어요. 일단 셰익스피어의 희곡은 대부분 원작이 있어요. 「십이야」도 예외는 아니지요.)

작업 자체가 시각적인 예술이라면 클리셰는 접어두고 사실적으로 접근할 수 있습니다. 아이작 미즈라히의 컬렉션 작업을 다룬 〈언집트 Unzipped, 1995〉는 그 대표적인 예죠. 연극이나 영화처럼 다양한 사람들이 부딪히며 작업하는 예술 역시 나름대로 진지한 접근이 가능합니다. 다큐멘터리라면 개인작업을 하는 예술가들에 대한 진지한 접근이 가능합니다.

그러나 극영화에서는 힘이 듭니다. 방법을 찾아내기가 힘든 거죠. 당연히 각본가들은 쉬운 길로 가려고 하고 결국 '삶에서 영감을 받는 예술가'로 반복되며 희극적인 클리셰가 됩니다.

43

세상은 그들의 관계를
동성애로 몰아붙이지만…

영화 예술가들만 진부한 문구를 반복하는 것은 아닙니다. 영화 평론가나 일반 관객들도 그 점에 있어서는 다를 게 없습니다. 당연하지 않겠어요? 모두 결점투성이 사람들이니까요. 생각하기 귀찮다는 점에서는 그들도 결코 뒤질 수 없죠.

'세상은 그들의 관계를 동성애로 몰아붙이지만…'은 관객들이나 평론가들의 클리셰입니다. 이 클리셰는 주로 모호한 동성애적 관계를 다룬 영화들, 그러니까 〈천상의 피조물 Heavenly Creatures, 1994〉이나 〈롱 아일랜드의 사랑과 죽음 Love and Death on Long Island, 1997〉, 〈여고괴담 두 번째 이야기 1999〉, 〈제복의 처녀 Mädchen in Uniform, 1958〉, 〈베니스의 죽음 Death in Venice, 1971〉과 같은 영화들에 대한 자동반응입니다.

조금 길게 늘이면 이렇게 되지요. "그들의 사랑은 순수했지만, 무지한 세계는 이해하지 못했다. 세상 사람들의 눈에 그들의 관계는 동성애로밖에 보이지 않았다. 이러쿵저러쿵…"

왜 이런 말이 나오는 걸까요? 몇 가지 이유가 있습니다. 우선 많은 사람이 동성애를 이성애로 가는 중간 단계쯤으로 이해합니다. 그러므로 청소년들의 로맨스는 '진짜' 동성애에서 제외된다는 것이죠.

물론 이런 구분은 단어를 오용하고 있습니다. '동성애'란 말 그대로 동성 간의 사랑이라는 뜻으로 여기엔 어떤 다른 의미도 없습니다. 만약 한 사람이 같은 성의 사람을 사랑한다면 그것은 동성애입니다. 그 사람의 나이 같은 건 중요한 것이 아닙니다. 심지어 (릴리언 패더만 같은 학자들의 정의에 따르면) '동성애'에는 육체적 접촉이 꼭 필요한 것도 아닙니다. 그것이 정말로 '이성애'로 가는 중간 단계여도 마찬가지지요.

그런데도 왜 사람들은 이런 미묘한 구분을 일부러 만들어 적용하려고 하는 것일까요? 그건 동성애자를 '일반 세계'에서 격리시키려는 무의식적인 시도입니다. 자, 〈천상의 피조물〉을 보고 있는 이성애자 관객 한 명을 상상합시다. 이 관객은 줄리엣과 폴린의 격렬한 관계에 깊은 감명을 받았습니다. 하지만 이들의 관계를 '동성애'로 인정하면 동성애 전체를 받아들여야 합니다. 심지어 그 관계를 멀리서 즐기고 공감한 자신도 그 부류에 말려들 수 있습니다. 이럴 수는 없죠. 해결책은? 그걸 '순수한 동성애'가 아닌 어떤 것으로 만들어 몰아붙이는 겁니다. 이렇게 되면 이 관객은 양심에 찔리지 않고 영화를 즐길 수 있게 됩니다.

이런 트릭은 종종 새로운 편견을 만들어내거나 옛 편견을 강화시킵니다. 〈여고괴담 두 번째 이야기〉의 관련 게시판에서 그 예를 본 적 있습니다. 거기서 어떤 사람이 "효신과 시은의 관계는 정신적인 것으로, 게이나 레즈처럼 육체적 관계가 아닙니다!"라고 주장하고 있었지요.

화자가 원래 무슨 말을 하려고 했건, 이 주장은 다음과 같은 비틀린 삼단 논법에 바탕을 두고 있습니다.

1. 나의 인정을 받을 수 있는 동성 간의 사랑은 플라토닉한 사랑에 한정된다. 그리고 그것은 동성애가 아니다. 동성애자는 정신적인 사랑을 하지 않으니까.
2. 효신과 시은의 사랑은 내 인정을 받았다. (또는 나는 그들을 인정하고 싶다.)
3. 내가 그들을 인정했으므로 (또는 하고 싶으므로) 그들은 동성애자가 아니다. 따라서 그들은 플라토닉한 관계여야 한다.

우리의 교훈은 무엇일까요. '타인에 대한 편견을 벗자'와 같은 고전적인 것도 있겠지만, 보다 중요한 것은 '단어를 올바로 쓰자' 또는 '잘 쓰지 않는 낯선 개념에 대해 말할 때는 한 번 더 생각하자'인 것 같군요.

> <u>후일담</u> 오타쿠 천지가 된 요새는 드라마나 영화에서 옷깃만 스쳐도 수백 페이지의 동성애 서사를 쓰는 사람들로 북적거립니다. 이제 한국에서 동성애 서사는 가장 진부한 관습적 상상력이 모여 고인 곳이 되었습니다. 물론 이들의 서브텍스트 탐구도 지루해집니다. <u>요르고스 란티모스</u>의 〈킬링 디어 The Killing of a Sacred Deer, 2017〉 예를 들까요. 영화 초반엔 외과 의사와 소년의 관계가 수상쩍어 보이는 장면이 있습니다. 영화를 본 관객들은 콜린 패럴이 연기한 이 캐릭터가 디나이얼 게이*라고 호들갑을 떱니다. 하지만 〈킬링 디어〉는 대놓고 도입부에서 이들의 관계가 성적일 수도 있다고 암시하다가 중간에 방향을 확 틀고 더 재미있는 이야기를 풀어가는 영화입니다. 그런데도 이 사람들은 여전히 도입부에 소모품처럼 사용된 설정이 숨겨진 서브텍스트인 척 굴고 있어요. 도대체 이게 뭔가요.

---

* 자신의 성 정체성을 부정하고 받아들이지 않는 게이 혹은 동성애자.

44

수컷 동물들

벅스 버니, 대피 덕, 포키 피그, 트위티 버드, 실베스터의 공통점은? 모두 워너 브라더스에서 만든 루니 튠즈 애니메이션 시리즈의 동물 주인공이라는 것입니다. 다른 공통점은? 모두 수컷이라는 것이죠.

디즈니는 어때요? 미키 마우스, 구피, 플루토, 도널드 덕은 모두 수컷입니다. 미니 마우스와 데이지 덕이 있지 않느냐고 하실 분도 있겠지만 그들은 모두 '여자 친구용'이죠. 독자적인 여자 주인공인 암소 클라라벨과 같은 캐릭터들은 끝끝내 도널드 덕과 같은 명성을 얻지 못했습니다.

더 재미있는 것 하나. 한 번 애완동물들이 나오는 아무 영화나 꺼내서 그 동물의 성을 확인해보세요. 십중팔구 수컷일 겁니다. 영화 속에 나오는 세상이 정상적이라면 그런 동물들의 수컷과 암컷의 비율은 반반이거나 암컷이 조금 많아야 할 겁니다. 그런데도 영화 속에서 암컷 동물들을 찾기는 경악스러울 정도로 힘이 듭니다. 래시*도 노골적인 여자 이름을 달지 않았다면 수컷으로 개조되었을지도 모르죠. 아니 개조가 뭐야. 래시를 연기한 동물 배우들은 모두 수컷이잖아요.

평계는? 많습니다. 예를 들어 워너나 디즈니 애니메이션에서 수컷이 많은 것은 그들이 만든 작품들이 슬랩스틱 위주이기 때문이라고 말할 수 있죠.

그러나 진짜 이유는 다릅니다. 영화 속에 수컷들이 그렇게 많은 진짜 이유는 영화 속의 동물들이 대부분 무성적인 존재이기 때문입니다. 그리고 이 남성 위주의 사회에서 남자들은 당연히 무성적인 위치를 차지하고 있습니다. 다시 말해 남자들은 정상인 존재이고 여자들은 특정 기능에 맞게 비틀려진 이상한 존재인 것입니다. 캐릭터를 여자로 만들려면 어떻게든 '여성적인' 역할을 주어야 하는 것입니다. 〈레이디와 트램프 Lady and the Tramp, 1955〉의 레이디처럼요.

'정치적 공정성'에 대한 개념이 생기면서 이런 것들은 조금씩 수정되기 시작했습니다. 워너에서 낸 텔레비전 시리즈

---

* 영국 작가 에릭 나이트의 소설 주인공인 러프 콜리 품종 개. 소설이 영화화되며 세계적으로 큰 인기를 끌었다.

〈타이니 툰 어드벤처 Tiny Toon Adventures, 1990-1995〉와 〈애니마니악 Animaniacs, 1993-1998〉 시리즈에서는 의식적으로 삽입한 여자 캐릭터들이 상당히 섞여 있습니다. 〈타이니 툰 어드벤처〉의 'Fields of Honey' 에피소드는 남자 일색인 만화 역사에서 잊힌 여성 캐릭터 허니를 찾아 나서는 뱁스의 모험담입니다. 허니는 실존했습니다. 하지만 보스코와 허니라는 혼성팀의 일원이었고 독립적인 캐릭터는 아니었어요.

지금은 이전보다 성비가 많이 나아졌습니다. 하지만 여전히 수컷/남자들에 비해 적고 '여성적인' 역할에 치우치고 있지요. 이들 중 상당수는 핑크색 털을 갖고 있고 여자임을 증명하기 위해 긴 속눈썹이나 붉은 입술을 갖고 있습니다. 갈 길이 멉니다.

애완동물의 성비에는 여전히 혁명적인 변화가 없습니다. 암컷 강아지를 떠올리는 것이 그렇게 힘든 일일까요? 짐 자무시 감독의 〈패터슨 Paterson, 2016〉은 걸작이었지만 전 여전히 패터슨의 개 마빈이 수컷이라는 게 신경 쓰입니다. 마빈의 캐릭터를 연기한 개가 넬리라는 암컷이었고 이 영화에선 개의 성이 어떤 역할도 하지 않는데, 굳이 수컷으로 만들 필요가 있었을까요?

45

쌍안경으로 보면

어렸을 때 쌍안경을 처음 사용해보고 실망했던 기억이 납니다. 왜 동그라미가 하나만 보이는 거죠? 그래서는 안 되지 않나요? 영화에서 보면 늘 동그라미가 둘이던데? 저만 그랬던 거 아니에요. 쌍안경이나 오페라글라스를 처음 사용하는 사람들한테서 이런 소릴 엄청 많이 들었지요. 다들 영화에서는 동그라미가 둘이니까 실제 세계에서도 둘일 거라고 믿었던 겁니다.

사실 동그라미가 둘일 수는 없죠. 그럼 오히려 괴상한 거고. 그럼에도 불구하고 영화에서는 언제나 동그라미가 둘이에요. 아니면 둘을 합쳐서 아령 비슷한 모양으로 만들거나. 동그라미가 하나인 경우는 거의 없습니다. 적어도 전 단 한 번도 그런 걸본 적이 없어요. 보신 적 있다면 알려주시길.

왜 영화쟁이들은 거짓말을 하는 걸까요? 그건 그들이 실제 세계의 법칙보다 그럴싸함이 더 중요하다고 생각하기 때문입니다. 게다가 아령 모양이나 동그라미 두 개는 옆으로 길쭉한 화면을 더 잘 활용하죠. 쌍안경이라는 핑계를 대고 더 넓은 시야를 제공해줄 수 있는 겁니다.

생각해 보면 아주 거짓말도 아니에요. 영화가 꼭 주인공이 보는 걸 그대로 보여줄 필요는 없으니까요. 실제 세계에서 두 영상이 합쳐진다고 해서 영화 속에서까지 합칠 필요는 없죠. 물론 이 거짓말이 용납되려면 두 동그라미가 하나의 넓은 그림을 그리는 대신 거의 비슷한 두 개의 화면을 동시에 보여주어야겠지만요.

46

암울한 미래

핵전쟁으로 멸망한 지구, 외계인에 의해 노예화된 지구, 원인불명의 바이러스로 전 세계인들이 흡혈귀나 좀비가 된 지구, 지나치게 발달한 기계 문명에 의해 점점 사람들이 왜소화되어 가는 지구… 이런 것들이 SF 영화나 소설이 다룬 암담한 미래들이죠. 요새는 이런 시꺼먼 미래들이 〈스타 트렉〉의 건전한 미래를 밀어내는 듯합니다. 사실 이 시리즈도 세월이 가면 갈수록 어두워지는 듯한 느낌이에요. 〈딥 스페이스 나인 Star Trek: Deep Space Nine, 1993-1999〉이나 〈보이저 Star Trek: Voyager, 1995-2001〉는 오리지널 〈스타 트렉〉보다 훨씬 어두운 시리즈입니다.

언제부터 밝고 건전한 기술 문명이 이런 어두컴컴한 미래에 자리를 내주었을까요? 정확한 시점을 말하는 건 불가능합니다.

컴컴한 미래와 밝은 미래는 늘 공존해왔으니까요. 그리고 밝기만 한 미래 이야기는 애당초부터 없었죠. 그런 걸로는 이야기를 만들 수가 없으니까요.

그렇다면 이유는? 뭐, 거창한 이유는 있습니다. 과학 문명에 대한 낙관적인 믿음은 20세기에 와서 서서히 시들어갔으니까요. 환경 오염이나 핵전쟁의 위협 같은 것들이 드러나면서 사람들은 점점 이 거대한 과학 문명에 대해 의심하기 시작했죠. 결코 미래가 자가용 우주선으로 화성이나 금성에 바캉스를 떠나는 식으로 흘러가지 않을 거라는 생각이 든 겁니다.

그러나 이런 거창한 이유는 평계에 불과합니다. 진짜 이유가 둘 더 있죠.

첫째로, 암담한 미래는 싸게 먹힙니다. 암담한 미래가 그렇게 많이 쏟아진 이유는 생각해보면 간단해요. 돈이 별로 없는 B급 영화 제작자들이 핵전쟁 이후 이야기를 무더기로 만들었으니까요. 지구가 망했다니 세트가 필요 있나요, 우주선 특수 효과가 필요 있나요. 그냥 땀투성이 근육질 남자들이랑 가슴 큰 여자들에게 야한 옷을 입혀놓고 미래의 투사라고 우기면 됩니다. 80년대엔 이런 영화들이 정말 많았어요. 주로 비디오 시장으로 넘어갔지만.

두 번째 이유는 약간 더 복잡합니다. 그러나 따지고 보면 그게 그거죠. 암담한 미래는 더 '쿨'해 보입니다. 건전한 미래는 너무 교과서적이고 위선적으로 보이잖아요. 컴컴한 미래는 우리가 생각하는 '현실'과 더 잘 들어맞고 우리의 리비도를 훨씬 잘 풀어놓습니다. 그건 문명 비판과 별 상관없는 거죠. 적어도 〈블레이드 러너 Blade Runner, 1982〉에 혹한 팬들의 대부분은 영화가 주는 메시지 따위는 신경도 쓰지 않을 겁니다.

> ## "신짱구 너 13년 동안 계속 5살짜리 어린애로 있구나?"

늙지 않는 주인공을 지적하는 **괴수**
〈짱구는 못말려 극장판: 부리부리 3분 대작전
クレヨンしんちゃん 伝説を呼ぶ ブリブリ 3分ポッキリ大進撃, 2005〉

47

야비한 경쟁자에서 깨끗한 패자로

스포츠 영화의 다소 괴상한 공식입니다. 꼭 스포츠 영화일 필요는 없어요. 주인공이 실력으로 인정을 받는 내용의 영화들엔 꽤 자주 등장하지요.

　내용은 이런 것입니다. 주인공 또는 주인공들은 승리로 가는 중간에 그들과 대결하게 될 경쟁자들을 만나게 되는데, 그들은 대부분 주인공들보다 더 경험이 많고 몸집도 크고 인정도 받았지만 야비하고 뻔뻔스러우며 무례합니다. 그들은 경험 없는 주인공을 놀려대고 심지어 그들을 몰아내기 위한 음모도 꾸미죠. 그런데 주인공이 마지막에 승리를 거둘 무렵이면 은근슬쩍 그들의 태도가 돌변합니다. 지금까지는 얄팍한 악당이었던 이들이 어느 순간부터 이해심 많은 이인자 또는 패자가 되어 있거든요.

이건 스포츠 영화의 주제와 관련 있습니다. 영화가 복수극의 형태를 취한다고 해도 스포츠 영화라면 스포츠 정신을 넘어서서는 안 되지요. 그리고 스포츠란 상대편을 파멸시키는 것이 아니라 정정당당한 경쟁으로 승리하는 것입니다. 그러니 결말을 찜찜하게 만들지 않으려면 그 쫀쫀한 인간들을 개심시키는 것이 가장 손쉬운 방법입니다. 그렇지 않으면 이들을 처단해야 하는데, 그건 좀 곤란하죠. 격투기 영화가 아니라면요.

당연하지만 여기엔 약간의 변형들이 있습니다. 예를 들어 주인공이 꼭 이기지 않아도 됩니다. 〈록키 Rocky, 1976〉에서 록키는 아폴로를 이기지 못하지만 그래도 그는 경쟁자의 인정을 받죠. 아까도 말했지만 주인공은 꼭 스포츠 선수가 아니어도 됩니다. 〈탑 건 Top Gun, 1986〉이나 패러디 영화인 〈못말리는 비행사 Hot Shots!, 1991〉에선 주인공이 전투기 비행사지만 공식은 그대로 적용되지요.

48

야한 옷 입고 기절한 여자들

〈바람과 함께 사라지다 Gone With The Wind, 1939〉의 포스터를 보면 불타는 애틀랜타를 배경으로 클라크 게이블이 기절한 비비안 리를 안아 들고 있습니다. 그런데 영화에 그런 장면이 나올까요? 아뇨. 아, 한참 뒤에 게이블이 리를 안고 계단을 오르는 장면이 나오긴 해요. 하지만 리는 멀쩡하게 깨어있고 어깨가 노출된 옷을 입고 있지도 않습니다.

Gone With The Wind, 1939
©Warner Bros. Pictures.

〈금지된 행성 Forbidden Planet, 1956〉의 포스터에는 로봇 로비가 노출이 심한 옷을 입고 기절해 있는 젊은 여자를 들고 있습니다. 영화에 앤 프랜시스가 팔다리

노출이 있는 옷을 입고 다니긴 합니다. 하지만 포스터의 여자와는 전혀 다르게 생겼어요. 무엇보다 기절 같은 것도 안 하고 로비에게 안기는 일도 없습니다. 그리고 로비 디자인을 보시면 아시겠지만 기절한 여자를 안아 들 만큼 몸이 유연하지 않습니다.

Forbidden Planet, 1956 ©MGM Studios.

이 포스터를 만든 사람들은 왜 사기를 친 것일까요. 그건 기절한 여자를 팔로 안아 든 건장한 남자는 연약한 여성과 강건한 남자를 대표하는 인기 있는 에로틱한 이미지였기 때문입니다. 될 수 있는 한 자주 쓰고 싶은데, 영화에 생각만큼 자주 나오지는 않아요. 일단 여자의 몸이 그렇게 가볍지 않고 남자에게도 저런 자세로 그 무게의 물체를 드는 건 힘든 일입니다. 여자들은 그렇게 자주 기절하지도 않고 그 부자연스러운 운반법으로 옮겨야 할 상황도 자주 안 나옵니다. 한 마디로 자연스럽지 않습니다.

대안은 포스터에 그리는 것입니다. 물론 사기입니다. 실제 플레이와는 상관없는 내용을 담은 게임 광고와 비슷하다고 할 수 있지 않을까요. 그리고 한동안 관객들은 그 사기를 용납했어요. 지금은 아니지요.

여전히 이 이미지는 쓰이고 있습니다. 포스터 사기가 줄어들었을 뿐이죠. 최근 영화에서는 별로 본 적이 없군요. 하지만 로맨스 소설, 코믹북 커버에선 여전히 자주 등장합니다. 반대되는 예가 있을까요? 린다 카터 주연 〈원더우먼 Wonder Woman, 1975-1979〉 드라마의 파일럿 에피소드에서는 원더우먼이 기절한 스티브 트레버를 안고 병원으로 들어갑니다. 노골적인 성 역할 전환을 의도한 장면이었지요.

49

여름은 어디로 갔지?

미국 텔레비전 특유의 제작 시스템과 연관된 다소 괴상한 현상입니다. 주로 드라마보다 시트콤에서 많이 일어나지요. 간단히 요약하면 스토리 전개 중 갑자기 여름이 없어지는 겁니다. 지금으로서는 〈프렌즈 Friends, 1994-2004〉가 가장 대표적인 예인 것 같군요.

왜 이런 일들이 일어날까요? 그거야 미국 텔레비전 시즌은 가을에 시작해서 봄에 끝나니까요. 예외가 있기는 하지만, 대부분 시리즈는 여름을 건너뜁니다. 텔레비전 만드는 사람들도 쉬어야죠.

사실 대부분의 경우는 이게 큰 문제가 되지 않습니다. 예를 들어 드라마 〈버피 Buffy the Vampire Slayer, 1997-2003〉나 'CSI' 시리즈의 세계에서 여름이 정말로 없어졌던 적은 없어요. 단지 드라마가 그동안의 이야기를 커버하지 않았을 뿐입니다. 실제로 많은 드라마에서 여름을 이런 식으로 처리합니다.

하지만 늘 이렇게 이야기를 편리하게 꾸려낼 수는 없습니다. 위에서 예로 든 〈프렌즈〉의 경우, 각 시즌은 극적인 클리프행어로 끝났습니다. 로스가 결혼식에서 엉뚱한 이름을 부른다거나 하는 식으로 말이죠. 그렇다면 다음 시즌에서는 어떻게든 그 마무리를 해야 합니다. 마무리가 끝난다고 다냐. 아뇨, 그 뒤로도 같은 속도로 그 이야기를 계속 끌어가야 하죠. 그러다 보니 설명이 되지 않는 수상한 이유로 여름 자체가 사라져 버립니다.

요새는 이 모든 게 흐릿해진 느낌입니다. 몇몇 지상파 방송국이 텔레비전 시장을 독점하던 이전과는 달리 요샌 온갖 매체들이 다 생겼고 드라마나 시트콤이 소개되는 시기와 방식도 유연해졌지요. 여름이 사라지는 현상은 이전처럼 노골적이지 않습니다.

50

영국식 악센트

자, 상황은 이렇습니다. 영국이라는 작은 나라에 수많은 정복자들이 번갈아 침략해와 토착어를 때려잡는 동안 '영어'라는 언어가 만들어졌습니다. 그런데 이 나라에서 태어난 사람들이 대서양을 건너 아메리카라는 신대륙으로 날아가 식민지를 세웠습니다. 식민자들은 18세기 말쯤에 독립해서 미국이라는 커다란 나라를 세웠고요. 미국은 지난 몇백 년 동안 꾸준히 성장해서 세계 제1의 강국이 되었습니다.

그러다 보니 재미있는 문제가 생겼습니다. 원래 영국의 전유물이었던 영어가, 세상이 미국 중심으로 흐르면서 슬쩍 미국으로 넘어가 버렸던 것이죠. 우리도 몇십 년 전까지만 해도 학교에서 영국식 영어를 가르쳤지만, 지금은 미국식 영어를 배우잖아요. 언어의 발생지라는 것을 생각해보면 영국식 영어의 입지는 초라하기까지 합니다.

그런데 미국식 영어는 아직 어렵습니다. 분화된 지 200여 년 정도밖에 되지 않았지요. 분명한 '미국식 영어'가 만들어진 건 그보다 훨씬 뒤의 일이고요. 20세기에 와서도 영국식 악센트는 여전히 고상한 사람들이 쓰는 말투였습니다. 〈비는 사랑을 타고 Singing in the rain, 1994〉를 보면 유성 영화 시대가 되자 발성법 교사들이 배우들에게 과장된 영국식 영어로 말하는 방법을 가르치는 장면이 나오죠. 정말 당시엔 그랬었습니다. 그 영향이 꽤 오랫동안 남기도 했답니다. 캐서린 헵번, 베티 데이브스, 캐리 그랜트와 같은 클래식 할리우드 배우들이 쓰는 정형화된 대사에는 약간 영국식 악센트가 섞여 있어요. 영국식으로 멋을 부린 미국식 영어라고 할까요. 트랜스아틀란틱 악센트 또는 미드-아틀란틱 악센트라고 하지요. 이 유행은 50년대 이후 시들었습니다만, 아직도 쓰는 배우들이 좀 있습니다.

이런 식의 콤플렉스는 엉뚱한 결과를 초래했습니다. 〈에버 애프터 Ever After, 1998〉나 미니시리즈 〈롬 Rome, 2005-2007〉, 〈더 그레이트 The Great, 2020〉에서처럼 할리우드 배우들이 과거의 비영어권 외국인인 척하는 사극에서는 모두 영국식 영어를 쓴다는 이상한 전통이 생겼던 것이죠.

왜 프랑스나 러시아가 무대인데 프랑스 악센트나 러시아 악센트를 쓰지 않느냐고요? 물론 쓸 수는 있겠지만 그렇게 악센트를 밀어붙이다 보면 관객들이 집중할 수 없게 됩니다. 제대로 된 영어를 쓰는 게 가장 좋죠. 하지만 〈에버 애프터〉의 무대가 된 르네상스 시대의 프랑스에는 미국이라는 나라가 존재하지도 않습니다. 그렇다면 미국식 영어를 쓰는 건 시대착오적이 아닐까요?

어처구니없다고 생각하시는 분들도 많으실 겁니다. 아직도 많은 관객들은 왜 프랑스인인 척하는 미국 배우들이 일부러 영국식 악센트로 발음을 하는지 궁금해하고요. 그러나 전 대충 논리가 맞는 것 같습니다. 호사스러운 르네상스 시대의 옷을 입고 미국식 영어로 이야기하는 모습은 아무래도 어색할 거예요.

후일담 재미있는 활용이 있습니다. 마틴 스콜세지 감독은 〈예수의 마지막 유혹 The Last Temptation of Christ, 1988〉에서 악센트를 두 종류로 나누었습니다. 로마인들은 모두 영국식 악센트를 썼어요. 하지만 유대인들은 모두 뉴욕식 미국 영어로 말하지요.

외계인 지구 침공

80년대에 히트했던 〈V V : The Series, 1984-1985〉라는 텔레비전 미니시리즈가 있었죠. 도마뱀처럼 생긴 파충류 외계인들이 비행접시를 타고 와서 지구를 정복하려 한다는 내용이었습니다.

문제는 왜 외계인들이 그 먼 거리를 날아와서 지구를 정복하려고 했느냐는 것입니다. 제가 기억하기에는 두 가지 이유가 있습니다. 그 동네엔 물이 모자라서 지구에 많은 물을 훔쳐 가려고 했다는 게 가장 중요한 이유였어요. 그리고 그 친구들이 사람 고기도 좀 먹고 싶었나 봅니다.

둘 다 어처구니없는 이유였죠. 물 같은 건 그 먼 거리를 날아오지 않아도 충분히 만들어낼 수 있어요. 수소나 산소는 우주에서 가장 흔한 것들이니 말입니다. 그 정도로 발달한 우주선을 만들 수 있는 실력이 있는 종족이라면 물 같은 걸 구하기 위해 자기 행성을 떠날 필요도 없을 겁니다. 정 궁하더라도 같은 태양계 안에서 구할 수 있었겠죠. 사람 고기? 그 정도로 과학이 발달한 종족이 외계에서 고기를 구해와야 할 정도로 식량난에 시달린단 말입니까? 그리고 '부족'이라는 단어가 쓰여 사람들이 헷갈리는데, 물이나 식량은 행성에서 사라지는 게 아닙니다. 쓸 수 있는 형태로 바꾸는 게 힘들 뿐이죠. 다른 행성에서 이들을 약탈해 양을 늘린다는 건 바보 같은 생각입니다.

따지고 보면 외계인이 지구를 침략해야 할 이유는 턱없이 부족합니다. 우주 전쟁은 경제적으로 고려해보면 늘 타산이 안 맞거든요. 〈배틀필드 Battlefield Earth, 2000〉에서는 광산 때문이었는데, 그런 거야 지성체가 사는 행성을 침략하지 않고서도 구할 수 있죠. 식민지? 식민지는 지구에서도 그렇게 채산이 맞는 사업이 아니었습니다. 게다가 우주에는 지성체가 사는 행성보다야 빈 행성이 더 많지 않겠습니까? 다시 말해 항성 간 여행을 할 정도로 발달한 과학을 가진 종족들은 우리가 전쟁의 이유로 삼는 문젯거리들을 다른 방식으로도 쉽게 해결할 수 있다는 것입니다.

물론 그럴싸한 핑계가 없는 것은 아닙니다. 〈스타 트렉〉의 보그 족들은 자기 본능을 따르는 것이니 그들의 지구 정복 욕구는 당연합니다. 〈프레데터 Predator, 1987〉의 외계인들은 스포츠하러 온 모양인데, 하긴 똑똑한 종족들은 취미 생활을 위해 별 괴상한 짓을 다 하기 마련이니 이해해줄 수도 있죠.

하지만 외계인이 지구를 정복하러 오는 영화들의 대부분은 그럴싸한 이유를 제공해주지 못하고 있습니다. 어떻게 보면 당연하죠. 외계인들은 사실 진짜 외계인들이라기보다는 지구인들의 모습을 변형시키고 확장한 것에 불과하니까요.

외계인 지구 침공 이야기를 더 까다롭게 만드는 것은 기술적인 격차입니다. 사실 발달한 외계인과 지구인 사이에서는 제대로 된 전쟁이 일어날 수가 없습니다. 비슷한 상대가 되어야 전쟁이 가능하죠. 유럽인들과 신대륙 원주민들 사이에 벌어진 일방적인 전쟁을 생각해보세요. 항성 간 여행을 할 정도로 발달한 외계인들과 지구인의 기술 격차는 그것보다 훨씬 클 겁니다.

그러나 대부분의 외계인 지구 침공 이야기에서는 그런 기술 격차를 무시하는 듯합니다. 〈배틀필드〉나 〈인디펜던스 데이 Independence Day, 1996〉에서 지구 전투기는 외계인 우주선과 거의 맞먹습니다. 다른 해결책도 어처구니가 없기 짝이 없죠. 〈V〉에서는 해결책이 생물학 병기인데, 다른 별을 침공하는 외계인들이 가장 먼저 신경을 쓰는 것이 바로 미생물에 의한 감염이 아닐까요? 그런 걸 생각하면 허버트 조지 웰즈의 고전 「우주 전쟁 The War of the Worlds, 1898」도 이치에 닿지 않는 부분이 많습니다. 하지만 그와는 별도로 지구 미생물이 다른 행성에서 온 생명체를 감염시키는 것도 생각보다 쉽지 않겠지요. 지구의 생명체들이 다른 생명체를 먹고 감염시키고 기생할 수 있는 건 모두 같은 행성에서 같은 조상으로부터 진화하며 서로에 적응했기 때문이니까요.

무대를 미래로 하면 사정은 좀 나아집니다. 〈스타 트렉〉의 지구인들은 외계인들과 비슷한 기술 수준을 가지고 있으니까 전쟁은 말이 되지요. 하지만 이 친구들이 상대하는 외계인들이 다 비슷한 수준의 기술력을 가지고 있는 이유는 또 무엇일까요? 역시 이상한 건 마찬가지입니다.

외계인 지구 침공 이야기는 계속 만들어질까요? 아마 진짜 외계인들이 지구를 찾아오기 전까지는 그럴 겁니다. 하지만 예전처럼 솔직하고 진지한 방식으로 이 소재를 다루는 건 힘들 거예요. 〈인디펜던스 데이〉처럼 뻔뻔스러운 복고주의로 나가거나 〈팀 버튼의 화성침공 Mars Attacks!, 1996〉처럼 노골적인 야유를 퍼붓는 편이 더 잘 먹히겠죠. 〈엑스 파일〉도 비교적 잘 해냈지만, 그건 외계인들의 정체를 분명하게 밝히지 않기 때문일 가능성이 높습니다.

52

외계인과 지구인 사이의 혼혈

〈스타 트렉〉에서 흔히 찾아볼 수 있는 클리셰죠. 이 시리즈에서 가장 유명한 캐릭터인 스팍도 벌칸인과 지구인 사이에서 태어난 혼혈이니까요. 그럼 이건 〈스타 트렉〉의 전매특허냐? 그런 건 아닙니다. 이런 식의 설정은 옛날 SF엔 흔해 빠졌어요. 〈스타 트렉〉이 눈에 뜨이는 건 그 작품이 지금까지 살아남은 '옛날 SF'이기 때문입니다. 과거의 유물인 거죠.

척 봐도 말이 안 되는 소리지 않습니까? 아무리 외모가 비슷하다고 해도 외계 종족과 지구인이 섹스를 해서 아기를 가질 가능성은 그냥 제로입니다. 지구인과 소나무가 섹스해서 아기를 낳을 가능성이 그보다 높겠죠. 이런 걸 알려고 생물학을 배울 필요는 없습니다.

그런데도 옛날 SF 작가들은 그런 걸 당연하게 생각했단 말이에요. 이걸 보면 SF 작가들이 아무리 자기네들이 과학적이라고 우겨도 어쩔 수 없는 시대와 편견의 산물이라는 걸 알 수 있지요. 그들은 한마디로 '외계인'이 '인간'이라는 선입견에서 벗어날 수가 없었던 겁니다.

요새는 이런 식의 혼혈 묘사는 거의 그려지지 않습니다. 여전히 혼혈들은 등장하지만 섹스가 아닌 유전자 조작으로 태어나는 경우가 많죠. 여전히 그래야 할 이유는 알 수 없지만 그래도 핑계는 있는 셈입니다. 〈스타 트렉〉 시리즈 역시 종종 이 말도 안 되는 설정을 설명하기 위해 노력합니다. 가장 유명한 시도는 지구인이 조우한 모든 외계인들이 알고 보면 한 종족의 후손들이라는 거죠. 그렇다고 작가들은 이 주장을 과격하게 밀고 갈 생각도 없는데, 그걸 따라가다가 발생하는 문제점들 역시 장난이 아니기 때문입니다.

53

용어집착증

용어집착증은 전문 분야에 관련된 작품을 쓰는 아마추어들이 쉽게 저지르는 실수입니다. 사실 아마추어만이 저지르는 것도 아니죠. 모두 하니까.

그럼 이건 도대체 뭣이냐. 별로 복잡한 게 아닙니다. 특정 분야에서 사용되는 전문 용어의 가치를 과대평가하고 그 용어나 정의를 힘주어 반복해 말하는 게 그 용어가 가리키는 개념을 내용에 녹여내는 것보다 쿨하다고 생각하는 경향을 가리키는 거죠.

KBS2 미니시리즈 〈마왕 2007〉에서 '사이코메트리'라는 단어를 얼마나 소중히 여기는지 한 번 보세요. 사실 이 단어는 자주 사용될 필요가 없습니다. 그게 더 자연스럽죠. 일단 낯선 단어이고 개념은 예상외로 설명이 쉬우니까요. 그런데도 그들은 죽어라 이 낯선 외래어를 반복합니다. 그런 개념을 쓰면 자신들이 시청자들로부터 우위를 점유한다고 믿는 거죠. 그 때문에 대사뿐만 아니라 홍보물에서도 계속 써먹는 거예요.

아마추어 장르 작가들에게서도 이런 경향은 쉽게 찾아볼 수 있습니다. 특히 판타지 작가들은 그렇죠. 많은 판타지 작가들이 자기가 만든 독창적인 내용에 용어들을 녹여내는 대신 기성품 개념들을 그대로 반복하며 그 익숙한 용어들을 끝없이 암송하는 경향이 있는데, 그건 그들이 신경 쓰는 것이 내용이나 주제가 아니라 용어들에 대한 자신의 페티시즘이기 때문입니다.

이런 경향은 쉽게 전파되어 확장될 수 있습니다. 이런 식으로 가장 남용되는 표현들 중 하나로 '뫼비우스의 띠'를 들 수 있겠군요. 소설이나 평론(특히 평론)에서 '뫼비우스의 띠'라는 표현을 어떻게 사용하고 있는지 한 번 검토해 보세요. 대부분 뻔한 순환 구조를 설명하기 위해 이 표현을 쓰고 있다는 걸 알게 될 겁니다. 하지만 '뫼비우스의 띠'에서 중요한 건 순환한다는 것 자체가 아니라 한 번 꼬여서 앞면과 뒷면의 차이가 없다는 거죠. 쓰지 않아도 되는 표현이 순전히 폼 잡기 위해 불려 나와 고생하고 다니는 거예요.

이런 경향의 변주로서, 특히 일본 대중문화에서 자주 찾아볼 수 있는 서구식 이름에 대한 집착도 언급할 필요가 있을 것 같

군요. 〈천공의 성 라퓨타 天空の城ラピュタ, 1986〉나 〈고양이의 보은 猫の恩返し, 2002〉과 같은 영화를 보면 길고 장황한 자신의 가짜 서 양식 이름을 요란하게 읊어대며 그 폼에 자기가 도취되어버리 는 캐릭터들이 꽤 많이 나오죠? 그 역시 페티시즘입니다.

54
우주

영화에 나오는 우주 공간은 우리가 알고 있는 우주 공간과 다른 곳입니다. 우주 전쟁이 나오는 아무 영화나 골라보세요. 엄청 돈을 들인 사운드가 극장 스피커를 꽝꽝 울립니다. 마치 진공 속에서도 소리가 전달되는 것처럼요.

(사실 우주 전쟁터가 아주 조용하지는 않을 겁니다. 가까운 곳에 폭발이 일어나면 근처 우주선은 소리 비슷한 것을 들을 수 있을지도 모릅니다. 폭발로 날아가는 기체가 소리를 전달할 수도 있으니까요. 그러나 영화 속에서처럼 장대한 사운드 효과는 기대하지 말아야죠.)

우주선들이 움직이는 걸 봐도 영화 속의 우주가 우리의 우주와 같지 않다는 것을 알 수 있습니다. 〈딥 임팩트 Deep Impact, 1998〉를 보세요. 진공 속을 날아가는 우주선이 마치 대기권 내를

나는 전투기처럼 신나는 재주를 부립니다. 하지만 대기권 내의 전투기들이 그처럼 정교하게 날 수 있는 것은 대기 속에서 '헤엄'을 치고 있기 때문이죠. 진공 속에서는 결코 그런 재주를 부릴 수 없습니다.

영화 속의 우주 공간이 비어 있지 않다는 증거는 또 있습니다. 우주 공간에서 쏜 레이저 총의 광선은 언제나 파란 궤적을 남깁니다. 눈에 보일 정도로 속도가 느리기도 한데 이건 다른 이야기고.

영화 속의 기압차는 종종 어처구니없을 정도로 과장되어 있습니다. 〈토탈 리콜 Total Recall, 1990〉을 보세요. 화성 대기로 주인공이 밀려 나가자마자 눈이 튀어나오면서 괴물처럼 변하지 않습니까? 우주선 창문이 열리자마자 외계 괴물의 육체가 젤리처럼 분해되어 밖으로 빨려나가는 〈에일리언 4 Alien : Resurrection, 1997〉는 어때요? (보다 사실적인 묘사를 보고 싶으신 분들은 〈2001: 스페이스 오디세이 2001: A Space Odyssey, 1968〉나 〈미션 투 마스 Mission To Mars, 2000〉를 참고하세요.)

반대로 기압차가 존재하지 않는 것처럼 행동하는 사람들도 있습니다. 〈제국의 역습 Star Wars Episode V: The Empire Strikes Back, 1980〉에서 레이아 공주와 한 솔로는 도대체 뭘 믿고 산소마스크만 하나 달랑 쓴 채 우주선 밖으로 나가는 걸까요?

영화 속의 중력은 기압차와 신비스럽게 연결되어 있습니다.

〈스페이스 1999 Space: 1999, 1975-1977〉에 재미있는 장면이 하나 있습니다. 알파 달 기지의 승무원들은 실내에 있을 때는 그냥 정상적으로 움직입니다. 하지만 일단 우주복을 입고 밖으로 나가면 몸이 둥둥 뜨기 시작하죠. 잠시 달에 대기가 돌아온 에피소드가 하나 있었는데, 그때는 또 밖에서도 정상적으로 움직이더군요. 덕택에 무중력 상태를 만드는 방법도 쉽습니다. 공기를 빼면 되니까요!

영화 속에서는 어디를 가나 중력은 같습니다. 달에 가도 1G*이고 화성에 가도 1G이고 심지어 소행성이나 혜성에 가도 1G죠.

영화 속의 우주는 보기만큼 뻥 뚫려 있는 것 같지 않습니다. 종종 그들은 적들을 막기 위한 2차원적 방어막을 쌓습니다. 우주 함대들도 종종 하는 짓이 이상합니다. 어느 방향으로 튈 수 있는 적의 우주선을 막기 위해 꼭 정면에만 우주선들을 배치하니까요.

영화 속 우주에는 신비스러운 상하 감각이 있습니다. 두 우주선이 우연히 만날 때도 늘 상대방과 같은 각도를 유지하고 있으니까요. 광속도 종종 무시됩니다. 화성에 간 우주인들이 휴스턴과 즉시 통신을 하는 게 당연히 되고 있죠.

---

* 중력 가속도를 나타내는 단위.

최근 들어 이런 클리셰들을 조금씩 지우려는 시도가 눈에 뜨입니다. 〈그래비티 Gravity, 2013〉와 〈인터스텔라 Interstellar, 2014〉, 〈마션 The Martian, 2015〉과 같은 영화들 말이죠. 이전 영화에는 당연히 나와야 할 것 같았던 효과음이 이들 영화에서는 거의 등장하지 않습니다. 대신 효과적으로 사용되는 음악이 이 자리를 대신 차지하죠. 우주개발이 이어지고 우주 공간이 점점 더 친숙한 곳이 되면 이런 클리셰들은 조금씩 힘을 잃어갈 것입니다. 그러는 동안 우린 이 공간들을 극적으로 활용할 수 있는 장치들을 하나씩 발명해갈 거고요.

후일담 넷플릭스 드라마 〈어웨이 Away, 2020〉 1화는 달 기지 내부의 저중력 묘사가 나오는 몇 안 되는 작품입니다. 하지만 여기에도 광속 딜레이는 반영되지 않았더군요. 저중력 묘사보다는 광속 딜레이 묘사가 기술적으로 더 쉽지 않을까요?

55

위기일발 비행기

비행기는 조금 별난 운송 기관입니다. 다른 탈것들과는 달리 출발할 때와 도착할 때 가장 위험하니까요. 비행기 사고의 대부분은 이륙할 때나 착륙할 때 일어납니다. 다른 탈것들과는 달리 비행기는 멈춰 세우는 것이 생각만큼 쉽지 않습니다. 그렇다고 외부에서 도움을 얻기도 어렵고요. 경비행기라면 조종사만 낙하산을 타고 달아나면 되겠지만 뒤에 200명의 승객을 달고 있다면 도대체 어떻게 해야 할까요?

이 사실을 이야기의 도구로 써먹은 최초의 인물이 누군지는 모르겠습니다. 하지만 이 위기일발 비행의 이야기를 처음으로 유행시킨 사람이 누군지는 알고 있습니다. 미국의 스릴러 작가인 아서 헤일리였습니다. 그가 각본을 쓴 드라마 〈Flight Into

Danger 1956〉와 그다음 해에 리메이크된 영화 〈제로 아워 Zero Hour!, 1957〉에서 헤일리는, 승무원들이 모두 식중독에 걸리자 어쩔 수 없이 다시 조종간을 잡는 2차 세계 대전 전쟁 영웅의 이야기를 다루었습니다. 물론 그냥 무사 착륙하면 곤란하니, 그에게 심각한 정신적 상흔이 있는 것으로 설정되었고요.

헤일리는 소설가로 자리를 옮긴 뒤에도 비행기와 위기일발 착륙의 소재를 버리지 않았습니다. 그의 베스트셀러 「에어포트 Airport, 1968」는 폭발 사고로 위기에 빠진 비행기를 착륙시키려는 승무원과 공항 관계자들의 이야기를 다루고 있었으니까요. 이 작품은 곧 영화로 만들어졌고, 그 뒤로 수많은 속편이 나와 위기일발 비행기를 다루었습니다. 어떤 영화에서는 비행기가 경비행기와 충돌했고, 어떤 영화에서는 버뮤다 트라이앵글에서 추락했지만, 설정은 대부분 비슷했습니다.

이 정도만 해도 관객들은 슬슬 지겨워질 지경이 되었다고 할 수 있습니다. 제대로 된 장르가 될 만큼 이야기의 폭이 넓은 설정이 아니었으니까요. 하지만 이 이야기에 마지막 못을 박은 영화는 바로 ZAZ 사단*의 〈에어플레인 Airplane!, 1980〉이었습니다. 〈제로 아워〉에서 주인공 이름에서부터 핵심 대사 하나하나까지 훔쳐 온 이 말도 안 되는 영화는 미래에 나온 모든 위기일발 비

---

* 70년대부터 코미디 영화를 주로 만들었던 영화 제작자 데이비드 주커, 짐 아브라함, 제리 주커.

행기의 설정을 진지하게 받아들일 수 없게 만들었습니다.

그러나 영화는 계속 만들어졌습니다. 여전히 커다란 비행기의 충돌은 구경거리였으니까요. 〈콘 에어 Con Air, 1997〉, 〈에어 포스 원 Air Force One, 1997〉, 〈파이널 디씨전 Executive Decision, 1996〉 같은 영화들이 눈에 들어오는군요. 상당히 많은 영화들이 막판에 비전문가가 조종간을 잡고 비행장에 착륙시키는 이야기를 담고 있었고요. 여전히 박진감 넘치지만 그래도 보면서 괜히 싱거운 웃음이 나오는 걸 막을 수도 없습니다. 〈Airplane!〉의 영향이 아직도 그렇게 센 거예요.

예전에 케이블에서 본 〈에어스피드 Airspeed, 1998〉라는 저예산 영화도 마찬가지였습니다. 승무원들은 모두 정신을 잃고 있고 비행기의 유일한 희망은 십대 여자아이 하나더군요. 당연히 얼굴도 모르는 공항 직원이 그 아이와 비행기를 살릴 수 있는 유일한 인물이고요. 보면서 어쩜 저렇게 장르 클리셰를 용감하게 따라갈 수 있었는지 참 궁금했습니다.

56

이성 게이 판타지

일반적으로 사람들은 이성의 동성애에 대해 더 관대한 경향이 있습니다. 그냥 관대한 정도가 아니죠. 많은 사람에게 이성의 동성애는 이성애적인 판타지의 일부입니다. 남성 관객들을 의식한 많은 포르노물은 덤으로 레즈비언 판타지를 다루고 있습니다. 그리고 남자 동성애물의 팬들은 대부분 이성애자 여성들이지요.

왜냐고 물으신다면, 뭐 여러 가지 이유를 만들어낼 수 있습니다. 이성의 동성애는 관음증적인 요소를 더 강화하고 순수하게 합니다. 이성애를 몰래 훔쳐보는 사람 중 몇몇은 화면에 등장하는 동성에 질투심이나 혐오감을 느낄 수도 있죠. 이성의 동성애는 그런 요소를 싹 지워버린 것입니다.

이런 이성 동성애 판타지는 동성애 소재 문화 상품의 상당히 큰 부분을 차지합니다. 사실 동성애 문화가 본격적으로 성장하기 전에 사람들이 접할 수 있는 것은 주로 이런 이성 동성애물이지요. 작가 앤 라이스의 「뱀파이어 연대기 The Vampire Chronicles, 1976-2018」나 「엠마누엘 Emmanuelle, 1967」 시리즈 같은 것들이 있어요.

이런 작품들을 꼭 배척할 필요는 없습니다. 그것이 변형된 이성애라고 해서 이런 종류의 작품이 무조건 나쁘다고 할 수는 없으니까요. 「뱀파이어 연대기」는 여성 팬들뿐만 아니라 많은 남성 동성애자 팬도 사로잡았습니다. 셰리든 레 퍼의 「카밀라 Carmilla, 1872」 역시 수많은 여성 동성애자 팬을 거느리고 있는 작품이고요. 영화를 따진다면 〈Indian Summer 1996〉나 〈쇼 미 러브 Fucking Åmål, 1998〉와 같은 작품들이 있는데, 이들 역시 모두 좋은 동성애 영화들입니다.

그리고 이성이 쓴 동성애 작품을 꼭 변형된 이성애라고 할 수는 없습니다. 전에도 언급한 패트리샤 하이스미스를 예로 들죠. 「열차 안의 낯선 자들 Strangers on a Train, 1950」, 「1월의 두 얼굴 The Two Faces of January, 1964」, 「리플리 The Talented Mr. Ripley, 1955」와 같은 작품들은 모두 두 남성들의 강한 동성애적 감정에 바탕을 둔 서스펜스 소설들입니다. 그러나 하이스미스는 동성애자였으니, 이걸 꼭 이성애적 판타지라고 할 수는 없겠지요. 반대로 하이스미스의 동성애적 취향이 살짝 성전환되어 표현된 것이라고 하는 게 더 그럴싸하지 않겠어요? 이성애보다는 이성의 동성애에 대해 더 능숙하게 쓰는 동성애자 작가들은 상당히 많습니다. 그렇기 때문에 분석은 쉽지 않죠. 카슨 맥컬러스의 소설 「마음은 외로운 사냥꾼 The Heart Is a Lonely Hunter, 1940」에 나오는 싱어와 안토나폴로스의 동성애적 관계는 과연 이성애적 판타지일까요, 아니면 동성애적 취향이 성전환한 것일까요?

너무 복잡해지니까 여기서 줄이기로 합시다. 모든 이성 게이 판타지가 이처럼 복잡하고 정교하지는 않으니까요. 오히려 반대인 경우가 많습니다. 이성애적 요소가 너무 강해서 영화나 책을 망쳐놓는 거죠. 한마디로 이성의 게이 판타지를 다루는 사람들은 소재를 착취하는 경향이 많아요.

데이빗 해밀턴 감독의 영화 〈빌리티스 Bilitis, 1977〉가 대표적인 예일 거예요. 해밀턴은 레즈비언 묘사로 어떻게든 화면을 이쁘게 꾸미고 자기 자신을 흥분시키기 위해 노력하는 동안, 정작 두 캐릭터의 감정이나 애정과 같은 것들은 까맣게 잊어버리고 말았습니다. 아니, 잊지 않았어도 그걸 다룰 생각이 없었겠지요.

이런 건 일종의 척도가 될 수 있지 않을까요? 이성 게이 판타지가 동성애 문화 상품의 주류를 차지하고 있다면, 그건 그 나라의 동성애 문화가 성장 초기 단계에 있다는 증거가 될 겁니다. 시작도 못 했다면 그런 작품들은 나오지도 못할 거고, 보편화되었다면 동성애자들이 직접 만든 상품들이 주류를 차지할 테니까요.

57

인용가들

여러분도 학교에서 '명언' 같은 걸 누런 색도화지에 써서 복도나 교실 뒷벽에 붙이는 일을 하신 적 있나요? 참, 쓸데없는 일입니다. 학교 사람들이야 교실에 에머슨이나 간디의 명언을 적어놓으면 그걸 읽은 학생들이 교화될 거라고 믿었겠지만 말입니다.

이런 것들이 왜 쓸데없는지 말씀드리죠. 아무리 위대한 사람이 한 말이라고 해도 전체 맥락에서 떨어져 나온 문장 한마디는 대단한 의미를 담고 있지 않습니다. 게다가 위대한 사람들끼리도 의견이 일치한 건 아니라서 한 가지 주제에 대해서 다양한 의견이 튀어나오기 마련입니다. 만약 여러분이 애국심에 대해 위인 A의 의견을 무기로 사용한다면 상대방은 잽싸게 위인 B의 의견을 방패로 그걸 받아칠 수 있습니다. 아니, 두 사람도 필요 없습니다. 텍스트 양만 많으면 한 사람으로도 충분해요.

인용구 던지기는 무의미하고 지극히 비교육적이기도 합니다. 우선 철저하게 권위주의에 의존하고 있고, 남이 한 말만 집어던지다 보면 정작 대상에 대한 논리적이고 이성적인 접근을 할 수 없으니까요.

이런 교육 환경에서 자랐기 때문인지, 우리나라 대중문화에는 유달리 인용구 던지기가 많습니다. 단지 이 경우는 학생들을 교화시키는 게 아니라 그럴싸한 말로 자기를 꾸미려는 것이기 때문에 꼭 위인들이 필요하지는 않습니다. 그냥 동네에 떠도는 헛소문이어도 상관없어요. 요새 나오는 광고들을 한 번 보세요. "사랑은 반지래… ○○하면 ○○하거든…" "친구들에겐 향기가 없대… ○○하면 ○○하거든…"

지겨워요. 습관적 인용가들이 생각하는 것처럼 멋있지도 않고요. 인용은 그렇게 자주 하는 것이 아닙니다. 대개 '뭐뭐래'라는 말이 들어가는 순간 힘이 떨어지고 말거든요. 서툴러도 자기가 직접 말을 하는 것과 어디선가 읽은 책에서 밑줄 그은 문구를 아는 척하며 주워섬기는 것 중 어느 쪽이 더 진실성이 높아 보이겠어요?

이런 싸구려 인용 습관은 종종 '나 좀 보소 상징주의'(33쪽)와 결합되어 더욱 저속해집니다. 싸구려 상징주의는 대부분 게으른 인용을 뿌리로 두고 있거든요.

58

인원수 줄이기

밀폐된 공간을 다룬 서스펜스물에서 주로 쓰이는 방법입니다. 본격적인 액션이 일어나기 직전이나 직후에 주인공들은 갑자기 지금까지 그들을 둘러싸고 있던 수많은 사람으로부터 고립되는 것이죠.

가장 대표적인 예는 〈쥬라기 공원 Jurassic Park, 1993〉입니다. 원래 '쥬라기 공원'은 과학자들과 회사 직원들이 부글거리던 곳이었어요. 하지만 공룡들이 탈출하는 동안 그들은 어디서 무엇을 하고 있었나요? 섬 밖에서 편하게 텔레비전이나 보고 있었겠지요. 〈포세이돈 어드벤쳐 The Poseidon Adventure, 1972〉는 어떤가요? 뒤집힌 여객선에서 살아남은 사람들은 진 해크먼 배우가 연기한 목사 일행뿐만이 아니었습니다. 하지만 영화가 보여주는 건

다른 길을 따라가는 대다수 사람이 아니라 고집쟁이 목사가 이
끄는 소수죠.

이런 일들은 다른 영화에서도 자주 일어납니다. 소설보다 영
화가 더 흔한 편이죠. 그 이유는 영화의 경제성 때문입니다. 소
설에서는 아무리 많은 사람이 등장해도 활자 몇 개로 극복 가능
해요. 하지만 영화에서는 인원수를 줄이는 게 좋습니다. 꼭 필요
한 인물들만 화면에 등장시켜야 관객들이 헛갈리지 않고 제작
비도 줄지요.

아마 이런 트릭의 가장 극단적인 예는 '로빈슨 크루소'일 겁
니다. 아니, 그보다 더 극단적인 예도 있군요. 〈조용한 지구 The
Quiet Earth, 1985〉, 〈나는 전설이다 I Am Legend, 2007〉와 같은 인류 멸
망물이요.

59

제3의 저격자

〈다이 하드 Die Hard, 1988〉예를 들죠. 악당들을 다 때려잡은 존 맥클레인이 걸어 나오고 있습니다. 하지만 다 잡은 것이 아니었어요. 얼마 전까지만 해도 죽은 줄 알았던 마지막 테러리스트 칼이 총을 쏘아대며 뛰어나온 겁니다. 하지만 그때 칼을 때려잡은 건 대비가 되어 있지 않았던 우리의 주인공이 아닙니다. 지금까지 뒤에서 맥클레인을 돕던 알 파웰 경사였죠.

이런 식입니다. 주인공은 방심하거나 무기를 빼앗기거나 기진맥진한 상태에서 무기를 든 악당과 마주쳤습니다. 악당은 이제 총을 뽑아 방아쇠만 당기면 되지요. 실제로 종종 총소리까지 들립니다. 하지만 총을 쏜 건 악당이 아니라 주인공을 돕는 제3의 인물이죠.

반대의 경우도 있습니다. '우리 편'인 캐릭터가 마침내 우위에 서서 악당을 향해 총을 겨누지만, 뒤에서 숨어 있던 또 다른 악당에 의해 총에 맞아 죽거나 다치는 것이죠.

자세히 보면 여기엔 계급 차별의 문제가 숨어 있습니다. 제3의 저격자에 의해 총에 맞아 죽는 인물은 최종 악당이나 주인공인 경우가 별로 없습니다. 다시 말해, 이건 일종의 쓰레기 청소이며 방해물 제거이죠. '우리 편'이 죽는 경우에도 이런 말을 쓰는 건 가혹하지만 사정은 달라지지 않아요. 주인공이 최종 악당을 죽인다는 기본 스토리에 낮은 계급의 방해꾼이 개입되어서는 안 되지요. 누군가 그 방해꾼을 청소해야 하는 겁니다. 위에서 예로 든 〈다이 하드〉의 경우처럼 그 스토리가 끝난 뒤라면? 그건 '뒤처리'입니다. 주인공은 이미 임무를 다했으니 덜 중요한 다른 사람이 처리해야죠.

'제3의 저격자' 설정은 그 '덜 중요한 사람'의 가치를 증명하는 기회이기도 합니다. 총에 관련된 트라우마에 시달리던 파웰 경사는 이를 통해 자신이 진정한 경찰임을 입증합니다. 〈하이 눈 High Noon, 1952〉에서 에이미는 남편을 죽이려는 악당을 총으로 쏘면서 남편에 대한 사랑과 자신의 용기를 입증하고요.

이런 공식은 액션 영화에서 그렇다는 것이고, 호러의 경우는 많이 다를 수도 있습니다. 이 장르에서 '착한' 주인공은 악당들을 꼭 직접 죽일 필요도 없고 심지어 살아남을 필요도 없기 때문이지요. 〈페노미나 Creepers, 1985〉에서처럼 비교적 덜 중요한 캐릭터가 최종 악당을 죽이고 주인공을 구할 수도 있고 〈오멘 The Omen, 1976〉에서처럼 적그리스도를 죽이려는 주인공을 제3의 저격자인 경찰이 쏴 죽일 수도 있습니다. 그러나 여기서도 리듬감과 반전의 충격, 갑작스러운 사태 해결이 제시되는 것은 같습니다.

60

제임스 본드

여기서 '제임스 본드'란 이언 플레밍의 소설에 나오는 슈퍼 스파이가 아니라 그 영향을 받은 무리를 막연히 지칭합니다. 이들은 주로 1960년대에 무더기로 쏟아져 나왔죠. 대부분 잘생긴 중년 남자이며 주로 턱시도를 입습니다. 사치스러운 라이프스타일에 여자에게 인기도 많은 바람둥이이고 온갖 재미있는 비밀무기도 소유하고 있어요. 그러면서 늘 지구를 멸망시키려는 악당들과 맞서 싸웁니다. 대표적인 예로 (당연하지만) 제임스 본드가 있고, 텔레비전 시리즈 〈첩보원 0011 The Man from U.N.C.L.E., 1964-1968〉*의 주인공 나폴레옹 솔로, '맷 헬름' 시리즈, '플린트'

---

* 2015년에 헨리 카빌 주연의 영화 〈맨 프롬 UNCLE〉로 리메이크되었다.

시리즈 같은 것들이 있습니다. 이들은 가장 유명한 예일 뿐이고, 당시엔 이런 것들이 전 세계에서 쏟아져 나왔어요.

이들의 존재는 조금 부조리합니다. 정부에 기용된 스파이가 절대로 하지 말아야 할 일들만 골라 하고 있으니까요. 스파이는 결코 사람들 눈에 이렇게 튀는 짓을 해서는 안 됩니다. 누구 말마따나 영화 속의 제임스 본드가 하는 짓을 그대로 한다면 거리에 나간 지 10분 만에 살해당하죠. 고로 이들은 일종의 판타지 캐릭터인 셈입니다. 60년대의 쾌락주의적인 남성들이 냉전과 경제호황을 연료 삼아 환상을 불태운 것이죠.

웃기는 건 이 판타지가 원조 제임스 본드와도 상당한 차이가 있다는 것입니다. 영화에만 익숙한 사람들이 플레밍의 본드 소설을 읽으면 많이 당황합니다. 작가 존 르 카레의 주인공들만큼은 아니지만, 이 캐릭터는 고정 관념에 비해 훨씬 '문학적'이에요. 파트너로 나오는 여자 주인공들도 영화 속에 나오는 얄팍한 쾌락의 대상과는 거리가 멀고요. 제임스 본드의 이미지 자체도 영화가 만들어지고 60년대의 분위기를 따라가면서 일종의 클리셰에 빠져든 것입니다. 전 그 클리셰가 가장 전형적인 모습으로 구현된 것이 배우 피어스 브로스넌이 출연했던 '007' 시리즈라고 생각하지만, 이 시리즈에 대해 더 잘 아는 분들은 다른 '본드'를 지적할 수도 있을 겁니다.

당황스러울 정도로 장수하고 있는 오리지널 본드 시리즈를 제외하면 다른 본드 아류작은 6~70년대를 넘어가면서 대부분 사라졌습니다. 하지만 완전히 없어졌던 적은 없었죠. 적어도 본 드류의 텔레비전 시리즈는 아주 최근까지 만들어졌습니다. 제가 기억하는 작품 셋을 들어보죠. 79년 작인 〈A Man Called Sloane 1979-1980〉, 94년에 만들어진 〈Fortune Hunter 1994〉 그리고 2000년에 만들어진 〈Secret Agent Man 2000〉. 다들 단명한 시리즈지만 이 공식의 인기가 쉽게 죽지 않는다는 걸 보여주고 있죠.

지금 이 전통은 다양한 방식으로 변형되고 있습니다. 〈트리플 XxXx, 2002〉처럼 노골적으로 007의 스테레오 타입을 뒤집은 영화도 있고, 〈오스틴 파워〉 시리즈처럼 007과 '해리 파머' 시리즈를 합쳐놓은 패러디도 있으며, 더욱 심각하고 좌파적인 마인드를 가진 〈제이슨 본〉 시리즈도 있습니다. 요새 나오는 007 영화도 이전 같지는 않죠. 다들 오리지널 제임스 본드보다는 제이슨 본에 더 가깝다고 하니까요. 그러나 진정한 제임스 본드의 전통이라는 것이 무엇인가, 그것이 과연 존재한 적은 있었는가, 라는 질문에 대해서는 조금 더 생각해봐야 할 겁니다. 6~70년대만 해도 스파이 장르가 제임스 본드의 뒤만 따랐던 것은 아니니까요.

비교적 최근에 나왔고 가장 정통적인 제임스 본드 아류물은 프랑스의 〈OSS 117〉 시리즈입니다. 아류라고 부르면 서운할

수도 있겠군요. 원작 소설은 이언 플레밍 시리즈보다 먼저 나왔
다니.

후일담 책을 위해 다듬기 전, 이 글은 피어스 브로스넌이 아
직 본드이던 시절에 쓰였습니다. 본드 시리즈는 다
니엘 크레이그가 본드가 되면서 분위기가 완전히 바
뀌었지요. 크레이그의 본드에 대해서는 여러 의견이
있는데, 전 상대적으로 호의적인 편입니다. 이언 플
레밍의 원작 소설에 나오는 본드에 훨씬 가깝지요.
〈007 카지노 로얄 Casino Royale, 2006〉은 지금까지 나
온 제임스 본드 영화 중 가장 플레밍의 원작 정신에
충실한 작품입니다.

61

중단된 결혼식

결혼식을 중단시키는 것은 클라이맥스를 만들기 위한 가장 고전적인 수법 중 하나입니다. 방법이야 여러 가지가 있죠. 〈졸업 The Graduate, 1967〉의 벤자민처럼 결혼식을 올리려는 옛 여자 친구를 끌어내든가, 〈로빈 후드 Robin Hood: Prince of Thieves, 1991〉에서처럼 사악한 귀족과 결혼하려는 음유시인의 여자 친구를 구해내거나, 아니면 〈제인 에어 Jane Eyre, 1996〉에서처럼 연인들의 결혼을 나쁜 뉴스로 끝장내거나, 〈천상의 시계장치 Mecánicas Celestes, 1993〉에서처럼 신부가 결혼이란 감옥에 갇히기엔 자기가 너무 아깝다고 생각해 달아나거나, 〈네 번의 결혼식과 한 번의 장례식 Four Weddings and a Funeral, 1994〉에서처럼 결혼식 날이 되어서야 자기가 사랑하는 여자와 맺어질 수 있다는 걸 알게 되어 결혼을 그만두거나요.

왜 이렇게 결혼식을 무대로 한 소동이 많은 건가요? 그거야 결혼식이 일생을 결정짓는 대사니까요. 이혼이 잦은 요새는 결혼식의 위치가 좀 약해지긴 했지만, 그래도 예전의 힘은 남아 있습니다. 이혼이 어려웠던 예전에는 더했지요. 종교나 사회적 규약이 짜증 날 정도로 강했으니까요. 알렉산드르 푸시킨의 「두브롭스키 Дубровский, 1841」를 보세요. 남자 친구가 여자를 구하러 왔지만, 여자는 서약했다는 이유 하나만으로 싫어하는 남편 곁에 남지 않습니까?

그러고 보니 결혼은 0시를 향해 질주하는 시한폭탄처럼 근사한 서스펜스 제조 기계이기도 합니다. 신부가 'I Do!'라고 말하는 바로 그 순간이 0시입니다. 그때까지 주인공들은 온갖 재난을 무릅쓰고 결혼식장으로 뛰어들어야 하는 겁니다.

요새는 어떨까요? 이런 트릭을 진지하게 쓰는 영화는 뜸해졌습니다. 너무 많이 쓰여서이기도 하지만 세상이 바뀐 거죠. 이제 결혼식 서약은 그렇게까지 중요한 것이 아닙니다. 결혼식 당일 이혼하는 커플도 있는걸요.

코미디에서도 많이 쓰였습니다. 〈네번의 결혼식과 한번의 장례식 Four Weddings and a Funeral, 1994〉이 대표적이죠. 〈런어웨이 브라이드 Runaway Bride, 1999〉는 시작부터 '달아나는 신부'라는 소재를 전면에 끄집어내서 한 편의 코미디를 만들기도 했습니다. 사

실 〈졸업〉의 결혼식 장면도 코미디였습니다. 〈천상의 시계장치〉
역시 마찬가지였고요.

62

진지한 장르 교훈

모든 장르는 자기만의 교훈을 가지고 있습니다. 예를 들어 시간 여행을 다룬 작품들은 종종 이미 지나간 과거의 실수를 후회하는 것이 얼마나 어리석은 일인지에 대해 이야기합니다. 돌연변이 괴물들이 등장하는 SF는 과학을 잘못 다루면 얼마나 끔찍한 일이 일어날 수 있는지 경고하고요. 뱀파이어들이 등장하는 소설들은 우리에게 영원한 삶이 보기와는 달리 얼마나 끔찍한지 가르칩니다. 이런 식의 예는 끝도 없이 들 수 있습니다.

이들은 모두 가치 있는 교훈입니다. 꼭 지금 와서도 의미가 있을 필요는 없죠. 오래된 괴수물 〈뎀 Them!, 1954〉의 거대개미들은 지금 와서 보면 그냥 황당하니까요. 하지만 그 개미들은 1950년대 사람들이 냉전과 핵에 대해 어떤 공포를 품고 있었는지 보여준다는 점에서 여전히 유익합니다. 주제에 대해 깊이 생각하고 그에 대해 더 잘 아는 사람이라면 자기 작품들을 통해 단순한 공포 이상의 무언가를 보여줄 수도 있고요.

문제는 이들이 도식화될 때 발생합니다. 주제에 대해 진지하게 생각하고 거기에 어울리는 도구로 장르를 택했을 때, 그 결과는 대부분 좋습니다. 하지만 일단 장르물을 만들기로 하고 거기에 딸려 오는 주제를 패키지로 가져온다면 문제가 생깁니다. 사고가 제거되는 것이죠. 많은 싸구려 장르물이 이 함정에 빠집니다. 오래전에 도식화된 장황한 설교를 늘어놓으면서 그게 뭔가 대단한 의미가 있는 줄 착각하는 거예요. 하지만 그건 더 이상 교훈이 아닙니다. 장르에 추가된 깃털 장식에 불과해요. 철학이 아니라 패션인 것이죠.

이런 부류의 영화로 〈중천 2006〉이 있습니다. 이 영화는 주인공을 사후 세계로 끌어들이면서 기억과 삶의 경험에 대해 장황한 설교를 늘어놓고 있지요. 삶과 죽음이라는 거창한 단어가 등장하고 이들이 엮어지는 걸 들어보면 뭔가 깊이 있는 이야기 같죠. 하지만 그렇지 않아요. 조금만 그 대사들을 자세히 살펴보면 거기에 사색의 깊이가 전혀 존재하지 않는다는 걸 알게 될 겁니다. 영화는 장르가 규정해 놓은 주제에 생각 없이 복종하느라 그 주제에 대해 진지하게 생각하는 것 자체를 포기해 버렸거든요. 당연히 이야기는 장르 시작 이후 골백번 반복되었던 틀 안에서 뱅뱅 돌 뿐, 의미 있는 결과에 도달하지는 못합니다.

"세상을 바꾸는 건…
힘이 아니라 마음입니다."

– 이곽 〈중천 2006〉

63

충분히 이길 수 있었는데도
안 이긴 거거든!

스포츠 영화의 클리셰입니다. 물론 스포츠의 범위가 어디까지
인가에 대해서는 논의의 여지가 있지만, 객관적인 경쟁이 가능
한 거의 모든 경기가 이 안에 들어갑니다. 체스, 바둑, 철자 맞추
기 대회, 게임 쇼, 카 레이싱….

내용은 간단합니다. 재능이 넘치는 우리의 주인공은 충분히
1등을 할 실력이 있습니다. 하지만 하지 않아요. 결정적인 순간
에 일부러 실수하거나, 최선을 다하지 않거나 아니면 노골적으
로 경주를 포기하지요.

도대체 왜? 이유는 많습니다. 〈다섯 번째 계절 Bee Season, 2005〉
에서는 승부보다 가족이 더 중요하기 때문이었죠. 〈카 Cars, 2006〉
에서는 어떻게 이기느냐가 문제라는 걸 알았기 때문이었고요.

〈그레이트 레이스 The Great Race, 1965〉에서는 옆자리에 앉은 예쁜 여자 기자의 사랑을 얻는 것을 선택했기 때문입니다.

네, 이런 식으로 끝나는 영화들은 대부분 이렇게 말합니다. "세상엔 승부보다 중요한 무언가가 있어." 그것이 사랑이건, 조국이건, 명예건요. 그리고 이와 비슷하게 외치긴 하지만, 일부러 지는 대신 열심히 최선을 다해 싸워서 2등을 쟁취하는 〈브링 잇 온 Bring It On, 2000〉이나 〈록키 Rocky, 1976〉 같은 영화들과 구분해야 할 것입니다.

이 설정이 스포츠 영화에 자주 등장하는 이유는 주제 때문만이 아닙니다. 진짜 이유는 형식 때문이지요. 스포츠물은 결말이 뻔합니다. 주인공이 이기거나 지죠. 이기는 건 만족스럽지만 반복하다 보면 지겹습니다. 지는 결말은 관객들이 싫어하고요. 그렇다면 어떻게 해야 할까요? 〈브링 잇 온〉이나 〈록키〉처럼 처음부터 목표를 낮게 잡거나 아니면 지는 핑계를 만들어주어야 합니다. '승부보다 중요한 무언가'는 가치 있는 주제지만, 그럼에도 불구하고 어쩔 수 없는 패배의 핑계입니다.

64

커밍아웃

커밍아웃은 동성애 주제 영화들이 본격적으로 쏟아져 나오던 1990년대엔 가장 중요한 테마였습니다. 왜 아니겠습니까. 두 팔을 쳐들며 "나는 여기 있어요!"라고 외치면서 자신의 존재를 증명해야 그 증명을 바탕 삼아 다음 단계로 나갈 수 있는 게 아 닙니까.

게다가 이건 감동적인 드라마 소재이기도 했습니다. 이 안에 는 좋은 드라마를 만들 수 있는 수많은 재료가 있어요. 억압된 욕망, 금지된 사랑, 사회적 제약, 감동적인 고백… 여기에 에이 즈라는 질병과 종교적 광기를 깔면 완벽해지죠. 과정은 험악하 더라도 결말은 대부분 해피 엔딩입니다. 당시엔 이런 결말 역시 정치적 선언이었죠.

그런데 과연 이 공식에서 얼마나 다양한 이야기가 나올 수 있을까요? 별로 없어요. 물론 서부극이나 로맨스 영화도 기본 공식은 이야기는 뻔합니다. 동성애 영화도 뻔한 설정 안에서 감동적인 이야기들을 만들어낼 수 있는 거겠죠. 하지만 소위 동성애 영화를 간절히 바라는 고정된 관객들에게 집중적으로 뻔한 커밍아웃 스토리만 뱉어댄다면 관객들은 쉽게 지치게 됩니다. 그러는 동안 세상 역시 빨리 변해갔고요. 특별히 안티 세력이 줄어든 건 아니지만 이제 텔레비전이나 영화에서 동성애자 캐릭터가 등장하는 건 대단한 일도 아닙니다. 엘렌 모건*이 〈엘렌 Ellen, 1994-1998〉에서 커밍아웃한 뒤로 세상이 그렇게 많이 바뀌었습니다. LGBT 사회에서도 커밍아웃 이후의 이야기를 하고 있습니다.

물론 지금도 커밍아웃은 좋은 소재가 될 수 있습니다. 하지만 시대 분위기에 적응하고 클리셰를 피하며 소재를 다루는 새로운 방법을 찾아내야 가능하죠. 그냥 커밍아웃을 선언하는 것만으로는 어림없습니다. 그건 (적어도 장르 내에서는) 흘러간 뉴스니까요.

---

* 미국의 유명 엔터테이너 엘렌 드제너러스가 연기한 캐릭터로, 본인이 커밍아웃한 후 자신의 드라마 속 역할 또한 커밍아웃해 화제가 되었다.

후일담 세상이 많이 변했습니다. '비극적 게이 로맨스'(103쪽)와 같은 변화가 있었다고 생각하시면 됩니다. 당시는 '커밍아웃'이 아무나 막 가져다 써서 짜증이 나는 단어가 될 거라고는 상상을 못 했어요.

65
케네디가 죽었대!

글 쓰는 데 필요해서 미국사 관련 자료들을 뒤적거리다가 이런 생각이 들었어요. 도대체 존 F. 케네디라는 남자가 뭐길래 이렇게 사람들이 난리를 치는 거야? 암만 봐도 케네디는 그렇게 대단한 업적을 남긴 게 없습니다. 내정 면에선 의회랑 툭탁거리며 다툰 것 이외에는 기록할 만한 게 없고, 칭찬받는 외교에서 남긴 업적도 미심쩍네요. 특히 쿠바 미사일 사태 같은 건 정치적 의도는 잊는다고 해도 결코 그 사람 팬들이 선전하는 것처럼 그럴싸한 업적이 아니었지요.

그렇다면 케네디가 남긴 건 뭔가요? 올리버 스톤 감독의 〈닉슨 Nixon, 1995〉을 보면 해답 비슷한 대사가 나옵니다. 닉슨이 이러잖아요. "사람들은 자네를 통해 그들이 되고 싶은 걸 보고,

나를 통해서는 그들 자신의 모습을 보네." 다시 말해 케네디는 진짜 정치가로서보다는 이미지와 상징으로 더 중요한 인물인 듯합니다. 한 일은 별로 없지만, 연설문이 아름다웠고, 이미지 메이킹은 전설적이었으며, 옆에는 미국 역사상 가장 우아한 퍼스트레이디가 서 있었지요.

그러고 보면 케네디의 죽음이 동시대 사람들에게 그처럼 강렬한 인상을 남긴 게 이해가 가요. 케네디는 사람이 아니라 상징이었으니까요. 미국인들이 보았던 건 경험 부족으로 쩔쩔매는 바람둥이 정치가가 아니었어요. 사람들은 자기가 보고 싶었던 보다 거대한 것들을 이 남자에게 투영했던 거죠. 암살은 그들에게 그런 허상을 빼앗아갔습니다. 그랬으니 케네디보다 훨씬 능력 있는 정치가 수백 명의 죽음보다 더 인상적이었을 수밖에.

그 결과는? 수십 년 동안 비슷한 방식으로 애도 되다 보니, 그의 죽음은 문학적 클리셰가 되었습니다. 특히 60년대를 무대로 한 소설이나 영화들은 당연하다는 듯 케네디의 죽음에 한 장을 할애하고 있어요.

예전에 〈상실의 시대 Lost and Delirious, 2001〉의 원작인 수잔 스완의 「The Wives of Bath 1993」를 읽었는데, 그 책도 마찬가지더군요. 주인공 마우스는 케네디의 열렬한 팬이고 끝도 없이 백악관에 팬레터를 보냅니다. 그러다 중반부를 좀 넘어가면 달라스의 참사가 라디오를 통해 들려오는 거죠. 그 순간 마우스의 세계는 반쯤 무너져 버립니다.

케네디의 죽음은 엉뚱한 평계를 제공해주기도 합니다. 〈귀여운 바람둥이 Mermaids, 1990〉를 보면, 케네디의 죽음으로 충격받고 방황하던 주인공 샬롯은 종탑에서 그동안 눈독 들이고 있던 수녀원 관리인과 찐한 키스를 하죠. 케네디가 죽지 않았다면 그 성격에 그처럼 진도가 빨랐을 리가 있나요.

그냥 괜히 끼어드는 예도 있어요. 제가 좋아하는 성장 영화 중 하나인 디안 퀴리 감독의 〈박하 레모네이드 Diabolo menthe, 1977〉에서도 케네디의 죽음이 등장해요. 자매 중 한 명이 갑자기 뛰어들며 외치죠. "케네디가 죽었대!" 그렇다고 그의 죽음이 이 프랑스 틴에이저 소녀들의 성장에 어떤 대단한 역할을 했을까요? 아뇨, 제 기억엔 그게 전부였던 것 같아요. 그냥 그 해가 63년이었다는 걸 알려주는 것에 불과했을지도 모르죠.

66

큐피드

상황은 대충 다음과 같습니다. 성인 배우만큼이나 인기가 있는 아역 배우가 하나 있습니다. 이 배우를 어떻게든 이용해 돈 버는 영화를 만들어야겠죠?

배우가 스크린 앞에 나와 방글방글 웃는 것만으로는 영화를 만들 수 없습니다. 스토리가 필요하지요. 그리고 이 스토리는 아이들만큼이나 성인들도 매료될 수 있어야 합니다. 이 아역 배우는 성인 팬들도 상당히 많은 진짜 슈퍼스타니까요.

하지만 성인 관객들이 신경을 쓰는 것은 아이들의 이야기가 아니라 어른들의 이야기입니다. 아이들의 이야기를 보러 어른들이 극장을 찾는 일은 드물어요. 결국, 아이를 주인공으로 하면서도 어른들의 이야기가 상당한 덩어리를 차지하게 해야 합니다.

모험심 없는 각본가들이 대충 머리를 굴린 결과 다음과 같은 틀이 만들어집니다. 우리의 어린 주인공은 짝이 없는 남자 또는 여자랑 살고 있거나 친구 사이인데, 근처에는 역시 짝이 없는 이성이 살고 있습니다. 이 둘은 전혀 모르는 사이일 수도 있지만, 알고 지내다가 오해로 사이가 틀어진 경우일 수도 있지요. 하여간 우리의 어린 주인공은 이 둘을 연결해 주려고 온갖 귀여운 짓을 합니다.

수많은 '셜리 템플 영화'들이 이 플롯을 따르고 있습니다. 왜 사람들이 셜리 템플* 영화에는 셜리 외엔 볼 게 없다고 투덜거리는지 이제 알겠지요?

꼭 어린 슈퍼스타만이 이런 이야기의 원흉은 아닙니다. 많은 가족영화가 부모들을 졸지 않게 하려고 이런 로맨스를 끌어들이기도 하니까요. 동물이 주인공인 영화도 비슷한 트릭을 쓰는 경우가 많지요.

이런 이야기를 '잘' 만드는 것은 그렇게까지 어려운 일이 아닐 겁니다. 에리히 캐스트너 원작의 디즈니 영화 〈페어런트 트랩 The Parent Trap, 1998〉처럼 흥겨운 성공작들도 있고요.

그러나 잘 만든 영화를 찾기는 쉽지 않습니다. 이런 영화의

* 1930년대 큰 인기를 얻었던 전설적인 아역 배우.

각본가들은 대부분 그렇게 성의 있게 작업을 하지 않으니까요.

수준을 낮추는 게 아이들 눈높이로 쓰는 것으로 생각하나 봐요.

"

애니메이션 속 동물 캐릭터

성별 구분하는 법

67

크리스마스

일반적으로 크리스마스 영화들은 가족영화거나 소위, 안티-가족영화입니다. 명절 특수를 노리고 개봉하는 영화는 대부분 가족영화이고, 안티-가족영화는 주로 한 달 뒤에 선댄스 영화제에 갑니다.

기독교 최고의 명절을 기리는 영화들이지만 정작 기독교와 직접 관련된 작품들은 많지 않습니다. 종교에 대해 말하는 것이 금기시된 현대 사회의 영향 같지만 그렇지도 않습니다. 모든 크리스마스물의 모범이 된 찰스 디킨스의 「크리스마스 캐롤 A Christmas Carol, 1843」에도 기독교의 구체적인 언급은 없습니다. 종종 천사들이 등장하고 누군가가 막연히 신에 대해 언급하기도 하지만 대부분 크리스마스 영화들은 보기보다 세속적이며 보편적입니다.

그럼에도 불구하고 크리스마스는 어느 정도 기적을 허용하는 날로 묘사됩니다. 절망에 빠진 한 남자가 날개 없는 천사를 만나 인생을 되돌아보게 되는 〈멋진 인생 It's a Wonderful Life, 1946〉이 가장 대표적인 예입니다. 드라마 〈천사 조나단 Highway to Heaven, 1984-1989〉이나 〈천사의 손길 Touched by an Angel, 1994-2003〉에 나오는 천사들도 크리스마스 에피소드를 거르지 않는데, 그건 그들의 직업이니 특별히 차별화할 필요는 없겠지요.

이런 초자연적인 존재가 등장하지 않아도 기적은 일어납니다. 영화 〈나홀로 집에〉 시리즈에는 천사나 신이 등장하지 않지만, 영화가 끝나갈 무렵 케빈은 외롭고 쓸쓸한 주변 사람들의 삶을 더 나은 것으로 만들어주고 가족들은 서로의 의미를 다시 한 번 생각하게 됩니다. 크리스마스는 종종 집 없는 아이들이나 애완동물들에게 양부모나 집을 찾아주는 기회가 되기도 합니다.

크리스마스 영화에서 신이나 예수보다 더 자주 등장하는 인물은 산타클로스입니다. 산타클로스가 주인공인 영화들도 많지만, 산타를 위해 일하는 순록들이나 엘프가 주인공인 경우도 많습니다. 종종 산타는 화성인이나 팀 버튼 감독의 캐릭터 같은 이들의 납치 표적이 되기도 하고 〈34번가의 기적 Miracle on 34th Street, 1947〉에서처럼 법정에 서기도 합니다.

많은 크리스마스 영화는 독특한 감상주의의 희생자들이 됩니다. 아무리 낙천적인 이야기를 하려고 해도 눈 내리는 추운 겨울의 배경이 차가운 계절 우울증을 유발하는 것이죠. 이런 영화들도 대부분 해피 엔딩이지만, 홀로 집에 남아 텔레비전을 보는 예민한 아이들에게 부작용을 남깁니다. 앞에 언급한 팀 버튼 감독이 바로 그런 사람입니다.

68

클로로포름

클로로포름의 화학식은 CHCl3입니다. 1831년에 최초로 제조되었고 1847년 스코틀랜드인 내과 의사 제임스 심슨이 최초로 마취제로 사용했지요. 지금은 거의 사용하지 않습니다. 굉장히 위험해요. 그래도 화학 용매로는 쓰이고 있고 접착제로 쓰는 사람들도 있다고 하더군요.

클로로포름은 19세기 작가들이 이 마취약의 가능성을 발견하면서 허구의 세계로 들어왔습니다. 그건 머리를 때리는 것 같은 폭력을 쓰지도 않고, 음료수에 약을 타는 것처럼 복잡하고 시간 걸리는 음모를 꾸미지 않으면서 희생자를 무력화시키는 방법이었지요. 물론 실제로 그런 일이 일어나기도 했을 겁니다. '아르센 뤼팽'이나 '셜록 홈즈' 소설에서도 클로로포름을 이용한 납치 장면들이 등장하니 당시 이 도구의 인기가 어땠는지는 말할 필요가 없겠습니다.

이런 도구들은 꾸준히 B급 영화나 만화에 쓰이다가 1960~70년대에 다시 인기를 끌기 시작했습니다. 특히 영미권 텔레비전 시리즈에서요. 아직도 많은 드라마 〈원더우먼 Wonder Woman, 1975-1979〉 팬들은 그렇게 자주 쓰이지도 않았던 원더우먼의 클로로포름 납치 장면에 대해 열띤 토론을 벌이는데, 그건 이 설정에 숨어 있는 노골적인 성적 의미가 굉장히 강했기 때문입니다. 그래서인지 핑계가 되는 액션을 지워버리고 처음부터 이와 관련된 페티시를 밀고 가는 작품도 생겼습니다. 리카르도 프레다의 호러 영화 〈더 호러블 닥터 히치콕 L'Orribile Segreto del Dr. Hichcock, 1962〉이 대표적인 예입니다.

클로로포름이 재미있는 건 이 화학물질이 19세기와 20세기 대중문화의 통로를 거치면서 허구적인 마법을 획득했다는 것입니다. 물론 그게 모두 허구는 아닙니다. 강한 흡입식 마취제인 건 사실이니까요. 하지만 〈어벤저 The Avengers, 1961-1969〉 시리즈나 〈원더우먼〉에 나오는 것과 같은 마법의 액체는 아닙니다. 위험하고 효력도 그렇게까지 강하지는 않으며 뒤끝이 깔끔하지도 않습니다. 70년대 텔레비전 시리즈에 나오는 클로로포름은 19세기적인 환상이었습니다. 거의 유일한 의학용 마취제였던 당시의 판타지였지요. 그게 마취제로의 수명이 다한 20세기 후반까지도 생명을 유지시켰습니다.

지금 이런 판타지는 그렇게 유행이 아닙니다. 하지만 여전히 〈버피 Buffy the Vampire Slayer, 1997-2003〉 같은 시리즈에 가끔 등장하고 아직도 많은 사람이 이 판타지에 경도되어 있습니다. 그 때문에 종종 불운한 사고도 발생합니다. 성적 판타지를 실현하거나 정말로 사람을 납치하는 데 이 화학물을 쓰다가 누가 죽는 거죠.

비교적 최근 이 화학물질이 사용된 건 피터 잭슨의 〈킹콩 King Kong, 2005〉이었습니다. 그렇게 현실적인 해결책이었다고 생각하지는 않아요. 원작에 나오는 정체불명의 가스탄이 더 이치에 맞았지요. 적어도 원작은 그 가스가 무엇인지 설명하지 않았거든요.

69

텔레비전

텔레비전은 평등한 매체입니다. 물론 이 평등에도 등급은 있습니다. 어떤 사람들은 수천만 원짜리 벽걸이 텔레비전을 포함한 홈시어터로 공중파, 케이블, 위성, DVD를 섭렵할 것이고, 또 어떤 사람들은 주먹만 한 아날로그 텔레비전으로 공중파 방송이나 간신히 볼 테니까요. 그러나 그런 차이점을 고려한다고 해도 텔레비전은 여전히 다른 매체에 비해 평등합니다. 수천만 원짜리 텔레비전으로 보는 '개그 콘서트'가 주먹만 한 아날로그 텔레비전으로 보는 '개그 콘서트'보다 특별히 더 재미있지는 않지요. 다 고장 난 아날로그 텔레비전 하나만 가지고 있어도 삶에 필요한 기초적인 정보를 얻는 데엔 별 무리가 없고, 동네 사람과 전날 방영된 연속극에 대해 수다 떠는 데에도 문제가 되지 않습니다.

그러나 수천만 원짜리 텔레비전과 다 고장 난 구식 텔레비전 사이에는 엄청난 때깔의 차이가 있습니다. 그리고 그건 친척 매체인 영화 속에서 더욱 분명해지지요. 텔레비전이 삶의 구질구질함을 표현하는 가장 훌륭한 매체인 것도 그 때문입니다. 한번 켜져 있는 오래된 텔레비전을 카메라로 찍어 보세요. 좋은 그림을 얻는 건 결코 쉽지 않습니다. 대부분 영화에 나오는 텔레비전은 껌뻑거리는 흐릿한 그림만 간신히 보여줍니다. 그 기계를 통해 나오는 정보가 무엇이건 그건 영화 속에서 굉장히 조악하고 졸렬해 보입니다.

텔레비전을 보는 행위 자체 역시 영화에서는 굉장히 매력 없어 보입니다. 영화는 동적인 장르입니다. 등장인물들이 적극적으로 무언가를 하길 바라죠. 하지만 텔레비전을 보는 사람들은 정적이고 수동적이며 맥이 빠져 있습니다. 주인공으로서는 자동탈락인 셈이죠. 그들은 그냥 흐릿한 그림이 껌뻑이는 걸 바라보는 바보들입니다.

시간대도 중요합니다. 저녁에 온 가족이 오손도손 모여서 좋아하는 텔레비전 프로그램을 보는 장면은 따뜻하고 기분 좋을 수 있습니다. 하지만 낮이라면 어떨까요? 우리의 주인공이 자잘한 일상의 소음이 창을 통해 들어오는 동안 나른한 시간대의 하찮은 프로그램을 보는 광경을 생각해보세요. 환경도 엉망, 기계를 통해 나오는 그림도 엉망, 바깥의 소음 때문에 들리는 소리도 엉망인데, 심지어 그걸 보는 사람은 나가서 뭔가 생산적인 일을 할 능력도 없는 모양입니다!

자, 이제 왜 껌뻑이며 돌아가는 텔레비전이 삶의 조악함과 정신적, 경제적 빈곤을 표현하는 단골 도구가 되었는지 명백해졌습니다. 물론 이건 우리나라보다는 미국에서 더 잘 쓰이는 도구이지만요. 아직 우리나라 오후 시간대의 공중파 방송은 미국보다 덜 저열하고 따분하거든요. 그러나 그렇다고 해서 전체적인 사용 방식이 특별히 다르지는 않습니다.

후일담 그동안 텔레비전과 대중의 관계는 많이 바뀌었습니다. 이제 아날로그 텔레비전은 고대의 유물이 되었습니다. 수많은 '가난한' 사람이 이 당시엔 부자들만 갖고 있었던 대형 HD 텔레비전을 갖고 있습니다. 그 텔레비전들은 배경으로 틀어도 이전의 구질구질한 느낌이 덜 나요. 넷플릭스와 유튜브(유튜브가 나온 게 2005년입니다!)와 같은 서비스 덕택에 사람들은 더 적극적으로 콘텐츠를 소비하기 시작했습니다. 핸드폰에서부터 태블릿에 이르기까지 이를 틀어주는 기기들도 다양해졌고요. 여전히 맥없는 텔레비전 시청자의 이미지는 유용하지만 이전과 같지는 않아요.

70

틴에이저식 계급 차별

미국 틴에이저 영화들은 하나의 엄격한 계급 사회를 배경으로 삼고 있습니다. 이 피라미드 위에는 미식축구 선수와 치어리더가 있고, 중간에는 그들의 추종자와 이것도 저것도 아닌 애들이, 맨 밑에는 낙오자가 있습니다.

이 세계에서 권력의 원천은 인기도입니다. 권력을 얻기 위해서는 능력 있는 운동선수가 되거나 막강한 미모를 부여받거나 집에 돈이 많아야겠죠. 어떻게 권력을 얻었건, 이 높은 곳에서는 다양한 권력 투쟁이 벌어집니다. 그 결과는 종종 끔찍해집니다.

이런 세상에서 인기가 없다는 것은 범죄와 같이 끔찍한 죄이기 때문에 피라미드 하단부의 아이들은 처벌받습니다. 처벌의 방법은 다양한 모욕입니다. 그래서 〈25살의 키스〉 Never Been

Kissed, 1999〉의 드루 배리모어가 전과를 없애려는 범죄자처럼 다시 학교로 돌아가 인기인이 되려고 하는 거죠. 모욕받은 루저들이 폭발하면 스티븐 킹의 「캐리 Carrie, 1974」에서처럼 졸업생 절반이 몰살당하는 일이 생깁니다.

계급 간의 소통은 별로 일어나지 않습니다. 특히 다른 계급 구성원과의 연애는 대죄입니다. 〈버피 Buffy the Vampire Slayer, 1997-2003〉의 두 번째 시즌에서 상류 계급인 코델리아는 하층 계급의 잰더와 사랑에 빠집니다. 그 결과는? 코델리아는 같은 계급의 친구들로부터 추방됩니다.

이 세계에서 공부는 중요하지 않습니다. 제인 오스틴의 소설을 영화화한 〈클루리스 Clueless, 1995〉의 주인공 셰어가 명언을 했습니다. "고등학교에서 성적에 신경 쓰는 것은 폴리 쇼어* 영화에서 의미를 찾는 것과 같다." 몇몇 상층 계급에서는 공부를 잘한다는 것 자체가 모독입니다.

하지만 이 피라미드 세계를 그리는 영화들은 최상 계층에 대해 언제나 부정적입니다. 틴에이저 영화 주인공들의 상당수는 하층 계급입니다. 영화 장르가 코미디나 SF라면 '기크(Geek)'나 '너드(Nerd)'가 주인공이 되고요. 최상 계급이 주인공인 영화는 〈클루리스〉를 들 수 있겠군요.

---

* 코미디 영화로 유명한 미국의 배우. 이 대사의 예시에서는 '아담 샌들러 영화'처럼 어떤 전형을 가진 가벼운 코미디 영화를 대표하는 이름으로 언급되었다.

그런데 정말 미국 고등학교가 그런 걸까요? 전 모르겠습니다. 그 동네 학교에 다녀 본 적이 없으니까요. 그렇다고 우리나라 학교를 통해 유추하는 것도 불가능하지요. 우리나라 학교의 계급 구분과 파워 게임 방식은 또 다르니까요. 적어도 제가 학교 다닐 때는 그랬습니다. 성적이 훨씬 큰 비중을 차지하고 사회생활의 공간도 제한되어 있었어요.

하지만 위에 언급한 다양한 클리셰들이 고정된 스테레오 타입에서 추출된 것은 사실입니다. 그리고 그 스테레오 타입은 역시 가장 스토리를 만들기 쉬운 대상들이 굳어진 것입니다. 사실 열심히 공부만 하는 학생 가지고 영화 만들기는 쉽지 않죠.

그러나 이런 식으로 수십 년 동안 반복되다 보니 틴에이저 영화의 세계는 독자적인 평행 우주를 형성하게 됩니다. 안이한 작가들은 손쉬움 때문에 이 평행 우주 속에 안주하게 되고 그 결과 지겨운 작품들이 나오는 것이죠.

71

파란 눈의 예수

마틴 스콜세지 감독은 니코스 카잔차키스의 소설을 영화화한 〈예수의 마지막 유혹 The Last Temptation of Christ, 1988〉을 만들기 위한 사전 조사를 하면서 재미있는 사실을 발견했습니다. 지금까지 예수 역을 한 남자 배우들 상당수가 파란 눈이었던 거죠. 그리고 〈예수의 마지막 유혹〉의 주연 윌렘 드포도 파란 눈이었어요.

전부는 아니었겠지요. 파졸리니 감독의 흑백영화 〈마태복음 Il vangelo secondo Matteo, 1964〉에서 예수로 나왔던 엔리케 이라조퀴는 푸른 눈이 아니었을 거 같습니다. 하지만 유명한 예수 배우 상당수가 파란 눈이에요. 〈왕중왕 King Of Kings, 1961〉의 제프리 헌터, 〈위대한 생애 The Greatest Story Ever Told, 1965〉의 막스 폰 시도우, 〈나자렛 예수 Jesus Of Nazareth, 1977〉의 로버트 파웰, 〈지저스 크라이스트 슈퍼스타 Jesus Christ Superstar, 1973〉의 테드 닐리가 있습니다. 최근에 예수를 연기한 배우로는 〈광야의 40일 Last Days in the Desert, 2015〉의 유안 맥그리거와 〈막달라 마리아: 부활의 증인 Mary Magdalene, 2018〉의 와킨 피닉스가 있는데, 맥그리거는 파란색, 피닉스는 녹색이죠.

말이 안 되잖아요. 우리가 예수에 대해서 알고 있는 지식은 신약을 제외하면 빈약하기 짝이 없습니다. 더욱 정확히 말하면 그냥 없죠. 단지 실존했다면 푸른 눈의 백인 남자가 아니었다는 건 확실합니다. 그런데도 예수 영화를 만드는 사람들은 집요하게 파란 눈의 백인 남자들을 캐스팅했습니다. 그냥 백인 남자가 아니라 더 이상 백인일 수 없을 만큼 백인인 남자들을요.

왜일까. 그들이 익숙한 예수 이미지에 맞추려고요. 그런데 그 이미지는 사실 맞는 게 하나도 없지요. 당연히 앵글로 색슨스러운 백인도 아닙니다. 대부분 예수는 장발로 그려지는데 당시 유대인은 남자가 머리를 기르는 걸 싫어했으니 이것도 잘못되었지요. 십자가상을 보면 못이 손바닥에 박혀 있는데, 손바닥은 체중을 지탱하지 못하기 때문에 실제로 못을 박은 부분은 손목이었습니다.

이들은 조금만 조사해도 알 수 있는 사실입니다. 긴 머리 운운은 심지어 신약성서에도 나와 있어요. 그런데도 이들은 고고학과 상식과 성서 지식을 외면하고 이전의 이미지를 고집했습니다. 시각적 상상력이 제한되었던 옛 유럽의 화가들은 어쩔 수가 없었습니다. 하지만 20세기로 들어오면서부터 이 집착은 인종차별적일 수밖에 없습니다.

앞으로 어떻게 될지는 모르겠습니다. 〈예수의 마지막 유혹〉은 파란 눈의 예수를 캐스팅했지만, 고고학에는 상당히 신경을 쓴 작품이었지요. 멜 깁슨 감독의 〈패션 오브 크라이스트 The Passion of the Christ, 2004〉는 다시 전통으로 돌아가 손목이 아닌 손바닥에 못을 박는데, 이는 익숙한 예수 이미지를 부정하는 고고학에 대한 혐오라고 할 수 있겠습니다. 그래도 깁슨은 예수를 연기한 파란 눈의 짐 카비젤에게 갈색 콘택트렌즈를 씌우긴 했습니다.

72

프랑켄슈타인의 실험실

멜 브룩스 감독의 아름다운 패러디 영화 〈영 프랑켄슈타인 Young Frankenstein, 1974 〉을 보고 있노라면 실험실을 장식하는 기기가 아주 눈에 익다는 느낌을 받습니다. 그리고 그 느낌은 단순한 기시감 이상입니다. 바로 제임스 웨일 감독의 오리지널 〈프랑켄슈타인 Frankenstein, 1931 〉에서 쓰였던 실험 기기가 그대로 사용되고 있으니까요!

브룩스야 원작에 존경을 표하기 위해 그런 수법을 사용했지만, 꼭 그런 적극적인 오마주가 아니더라도 '프랑켄슈타인 박사의 실험 도구'는 우리에게 아주 익숙한 장치입니다. 구식 SF 영화에서 과학자들의 실험실을 묘사할 때마다 꼭 나왔으니까요. 과학자의 전공이 무엇이건, 이상한 색깔의 액체가 보글보글 끓고 있는 플라스크가 반드시 눈에 들어오곤 했죠. 하얀 약사 가운을 입은 영화 속 과학자들의 주 임무는 한쪽 시험관에서 다른 시험관으로 액체를 옮기면서 가끔 폭발시키는 것이었습니다.

그들은 이 플라스크에서 정말 거의 모든 것들을 뽑아냈습니다. 인조인간, 로봇, 돌연변이 괴물, 종말 기계, 투명인간 약… 이 모든 것들이 이상한 색깔의 액체를 이리저리 옮긴 결과 나왔다는 게 경이롭지 않습니까?

'프랑켄슈타인의 실험실'은 당시 일반인들이 생각하는 과학자의 모습이 고정된 결과입니다. 당시 일반인들이 과학에 가장 가깝게 접근할 수 있었던 곳은 학교 실험실이었습니다. 그리고 그 소박한 장비들 중 그래도 가장 미묘하게 보였던 것은 화학 실험 도구였지요. 할리우드의 세트 전문가들이 만들어낸 것은 바로 고등학교 화학 실험실의 할리우드 버전이었던 셈입니다.

제임스 웨일의 〈프랑켄슈타인〉 이후, 이 이미지는 할리우드 과학자의 상징으로 고정되었습니다. 심지어 이론 물리학자와 같이 종이와 연필로 작업하는 사람들의 방에도 이런 것들이 놓여 있곤 했죠. 제가 이 글을 쓰면서 본 것은 드라마 〈원더우먼 Wonder Woman, 1975-1979〉의 첫 번째 시즌의 에피소드인데, 여기에 나오는 지진학자의 방에서도 프랑켄슈타인의 실험 도구가 이상한 액체를 보글보글 끓이고 있답니다.

'프랑켄슈타인의 실험실'은 오늘날 진지하게 사용되지 않습니다. 일반 관객들도 과학자들의 실험실이 늘 이렇지 않다는 걸 알고 있으니까요. 게다가 요새는 컴퓨터란 게 있어서 플라스크 없이도 작업을 훨씬 신나게 표현할 수 있습니다.

그러나 어린이 프로그램이나 애니메이션, 코미디에서는 여전히 요긴하게 쓰입니다. 클리셰의 나이로 계산하면 노년에 접어든 셈이죠.

73

필름 누아르 독백

필름 누아르 영화의 거친 (남자) 주인공들이 영화 내내 속으로 읊어대는 독백을 가리킵니다. 보통 감정이 절제된 무덤덤하고 우울한 어투이며 터프가이의 독백치곤 은근히 수다스럽고 괴상한 표현이 잦죠.

이 독백의 기원은 아무래도 소설가 대실 해밋일 것입니다. 해밋은 필름 누아르가 기원을 두고 있는 하드보일드 소설의 문을 연 사람이죠. 그의 단골 주인공인 이름 없는 탐정 콘티넨탈-오프가 등장하는 「붉은 수확 Red Harvest, 1929」을 읽어보면 이런 식의 수다가 어떻게 시작되었는지 대충 짐작할 수 있습니다.

물론 교통정리는 필요합니다. 해밋은 엄밀하게 말하면 '필름 누아르' 정서의 창시자는 아닙니다. 레이먼드 챈들러가 사도 바울 행세를 하면서 해밋을 장르의 예수 취급했기 때문에 그렇게 보이는 것뿐이죠. 그는 충실한 하드보일드 작가도 아니었습니다. 후기작 「그림자 없는 남자 The Thin Man, 1933」는 거의 '토미와 터펜스' 시리즈가 떠오를 정도로 발랄하고 현실 도피적인 코미디입니다. 모범적인 하드보일드 탐정 캐릭터일 것 같은 샘 스페이드도 「몰타의 매 The Maltese Falcon, 1929」 이외의 단편들을 보면 모범적인 퍼즐 미스터리의 명탐정 이미지에 더 가깝습니다. 결정적으로 해밋은 1인칭 화자인 탐정을 그렇게까지 많이 등장시키지도 않았습니다.

우리가 익숙한 '하드보일드/필름 누아르' 정서의 진짜 기원은 해밋의 추종자인 레이먼드 챈들러입니다. 로스앤젤레스의 탐정 필립 말로를 등장시킨 그의 장편 소설들은 이런 분위기를 거의 완벽하게 완성했지요. 허무주의에 빠진 남자 주인공과 현실적인 것처럼 그려내지만, 실은 비관적인 로맨티시즘으로 범벅이 된 도회지 배경, 그리고 이어지는 독백….

챈들러에 의해 거의 완성된 이 관습은 그의 소설들이 영화화되면서 할리우드 영화에 이식됩니다. 책 한 권 분량의 수기였던 탐정의 고백은 이제 관객들을 위해 낭송되는 독백으로 변형되었지요. 내러티브의 기능이 제거되고 주인공의 현재 정신 상태 기술만 남게 되자, 분위기는 더 컴컴해지고 우울해졌으며 자아도취의 악취도 심해졌습니다.

해밋 때만 해도 간결하고 명쾌한 액션의 기술이었던 이들의 독백은 세월이 흐르면서 서서히 자신의 무게에 눌리기 시작합니다. 특히 챈들러 시절에 조금씩 괴상해질 가능성을 품고 있던 표현들은 50년대를 거치자 거의 괴물처럼 변했죠.

슬슬 여기서부터 패러디의 가능성이 발견됩니다. 데이빗 주커 감독의 코미디 영화 〈총알 탄 사나이 The Naked Gun : From The Files Of Police Squad!, 1988〉는 이런 독백의 희극성을 극단적으로 과장한 작품이죠. 프랭크 드레빈의 다음 대사를 읽어보시겠어요?

"그녀와 알고 지낸 지 꽤 오래되었지. 그때는 정말 우리가 다정히 함께 가보지 않은 경찰서가 없었어. 아, 내가 그녀를 얼마나 사랑했는지! 그녀에게는 그녀만이 풍기는 멜로디가 있었어. 그래, 자신만의 음악이 있었지. 그래서일까? 시카고 합창단원과 자주 만나더군. 그녀가 악기를 연주하거나 노래를 잘하는 것 같지 않았었는데 말이야. 공연 때문이었을까? 그녀는 1년에 300일 정도 연락이 되지 않았어. 한때는 크리스마스 선물로 하프를 사준 적이 있어. 그리고 그녀는 이게 어디에 쓰는 물건인지 물어보더군."

프랭크 밀러의 그래픽 노블을 각색한 로버트 로드리게스 감독의 영화 〈씬 시티 Sin City, 2005〉도 이런 식의 독백들로 가득한 영화입니다. 이 작품의 독백들은 챈들러의 소설처럼 진지하지도 않고 〈총알 탄 사나이〉처럼 과장된 패러디도 아닙니다. 단지 이런 독백을 텅 빈 필름 누아르 스타일의 일부로 자랑스럽게 과시하고 있을 뿐이죠.

74

한국의 첫인상은 어떻습니까?

이건 영화 클리셰가 아니라 대한민국 연예기자들, 특히 텔레비전 기자나 리포터들의 클리셰입니다. 세계적으로 유명한 외국 연예인들이나 영화인들이 오면 이 사람들은 다음 질문들을 빼먹지 않죠.

1. 한국의 첫인상이 어떻습니까?
2. 한국 음식 좋아하시는 것 있으세요?
3. 한국어로 인사 좀 해주세요. (특히 '연예가 중계'에 나오는 사람들은 아주 기를 쓰지 않는 한 서툰 한국어로 마지막 인사를 해야 하죠.)

최근 몇 년 동안 한류 열풍이 불자 다음과 같은 질문이 추가

되었습니다.

4. 한국 영화 어떤 거 보셨나요. 한국 가수 좋아하시는 분 계신 가요.

이런 거 구경하다 보면 다들 왜들 이러나 싶습니다. 물론 20 여 년 전까지만 해도 이유는 있었어요. 우린 실질적으로 거의 존재하지 않는 국가였으니, 그들이 뭐라도 인정해주면 고마웠 죠. 하지만 모든 버릇은 버려야 할 때가 있습니다. 그리고 우린 이미 그 시기를 한참 지났어요. 기자들이 한국에 오는 모든 사 람을 붙잡고 '우리가 어떻게 보여? 제발 말해줘! 말해줘! 말해 줘!'를 외친다면 짜증이 날 수밖에 없어요.

75

할리우드식 균형잡기

지금까지 할리우드가 사용한 장르 도구나 소재는 모두 그렇게까지 '정치적으로 공정하지 못한' 세계의 반영입니다. 당연히 이런 이야기 중 상당수는 21세기 초의 관객 사이에서 문제를 일으키게 되지요. 만약 존 포드 영화에서 그랬던 것처럼 노골적인 원주민 묘사를 넣는다면 미국 원주민들뿐만 아니라 수많은 일반 관객도 불편해할 겁니다. 마찬가지로 미국 남부를 다룬 역사물을 만든다고 해서 〈바람과 함께 사라지다 Gone With The Wind, 1939〉처럼 뻔뻔스러운 인종적 편견(그것도 제작자가 당시 분위기를 고려해서 원작의 묘사를 축소한 것인데도!)을 부여하면 욕만 바가지로 먹고 투자한 돈도 몽땅 날릴지 몰라요.

'할리우드식 균형잡기'란 옛 도구들을 재활용하면서도 정치적 공정성의 세계에서 살아남기 위해 할리우드가 취하는 편법입니다. 물론 이건 얄팍한 속임수입니다. 깊이 있는 성찰이라면 이 사전에 오를 이유도 없겠지요.

가장 뻔뻔스러운 예는 롤랜드 에머리히의 〈패트리어트 : 늪 속의 여우 The Patriot, 2000〉에서 찾아볼 수 있습니다. 작가들은 미국 독립이 노예제의 유지와 인종 차별의 유산을 남겼다는 걸 뻔히 알고 있었지만, 흑인 노예 이야기를 안 할 수도 없었습니다. 해결책은? 독립을 위해 1년 복무를 마치고 자유를 얻으려는 흑인의 이야기를 삽입하는 것입니다. 물론 이 성실한 남자는 복무를 마치고 자유를 얻은 뒤에도 나라를 지키기 위해 전장에 나갑니다. 자유인의 나라에 대해 거창한 연설을 하면서요.

〈패트리어트 : 늪 속의 여우〉처럼 노골적이지는 않지만 많은 할리우드 영화들은 이런 식의 균형잡기를 시도합니다. 만약 흑인이 악당인 영화가 나온다면? 백인 주인공의 동료 중 흑인이 한 명 섞여 있을 겁니다. 〈트루 라이즈 True Lies, 1994〉에서처럼 아랍 테러리스트가 악당이라면 주인공에게 중동계 동료를 붙여주는 식이죠. 이러면서 영화는 이렇게 말하는 겁니다. "봐요, 난 인종 차별주의자가 아니라고요!" 물론 이런 균형잡기는 점점 다인종으로 변해가는 할리우드 영화 관객들에게 접근하려는 시도이기도 합니다.

〈스타 트렉: 딥 스페이스 나인 Star Trek: Deep Space Nine, 1993-

1999)에서는 이런 술수에 대해 고백하는 에피소드가 하나 있습니다. 이 드라마에는 60년대의 미국을 재구성한 일종의 가상공간 기계인 홀로덱이 하나 있는데, 주인공들은 그 안에서 가수로 일하는 친구를 구하기 위해 '오션즈 일레븐'식 한탕을 벌이기로 합니다. 하지만 시스코 함장은 그게 영 못마땅합니다. 모든 인종과 외계인들에게 친절하기 짝이 없는 그 60년대의 미국은 가짜이기 때문입니다. 그 세계 어디에 당시를 뜨겁게 달구었던 인종차별과 인권 운동의 흔적이 있습니까?

에피소드 끝에 시스코는 결국 동료들과 함께 친구 가수를 구하러 갑니다. 하지만 의식 있는 프로그램들이 사는 홀로덱은 결코 영화와 같지는 않겠지요. 우리는 시스코처럼 양보할 필요 없습니다. 할리우드 역시 언젠가는 이보다 나은 술수를 마련해야 할 거고요.

76

현대식 농담

제목을 다소 재미없고 막연하게 지었는데, '현대식 농담'이란, 우리 시대나 세계에 속해 있지 않은 캐릭터에게 현대식 농담이나 말투를 부여하면 재미있을 것이라는 막연한 착각을 가리킵니다.

엄격하게 말한다면, 이들 중 일부는 성공합니다. 하지만 확률은 그렇게 높지 않죠. 디즈니 애니메이션 〈알라딘 Aladdin, 1992〉에서 지니를 연기한 로빈 윌리엄스처럼 아주 훌륭한 배우를 만나거나, 이준익 감독의 〈황산벌 2003〉처럼 그 현대식 농담이 캐릭터나 역사적 상황과 적절하게 일치하거나, 그냥 운이 좋은 몇몇 경우를 제외하면, 이런 농담은 대부분 실패합니다.

이유는 간단합니다. 대부분 이런 식의 농담들은 피상적이거나 천박해서 수준이 그렇게 높지 않기 때문입니다. 게다가 이런 것들은 아이디어 자체가 나빠요. 나폴레옹이 흥미로운 이유는 그가 나폴레옹이기 때문이지 그가 현대인에게나 먹힐 농담을 하기 때문은 아니죠. 마찬가지로 트랜스포머 로봇들이 매력적이라면 그건 그들이 외계에서 온 변신 로봇이기 때문이지 유행어를 뱉어대기 때문은 아닙니다. 게다가 이 농담들은 간신히 붙어있던 쿨함도 금방 날려버립니다. 이런 어투나 농담들은 수명이 아주 짧아서 몇 년만 지나도 촌스럽게 보이기 마련이거든요.

이 정도면 상식이라고 해야 할 텐데, 여전히 이런 농담들은 계속 만들어집니다. 특히 할리우드에서요. 그래서 전 요새 할리우드의 인재풀이 예상외로 그렇게 깊지 않구나… 라고 생각하는 중이죠.

77

화장실

지금은 거의 죽어가고 있는 영화 클리셰가 있는데, 영화에 나오는 화장실은 배변과 배설의 용도로 사용되지 않는다는 것입니다. 영화 속의 사람들은 숨겨놓은 무기를 꺼내기 위해, 서류나 종이를 없애기 위해, 적을 피해 탈출하기 위해, 물을 틀어놓고 비밀스러운 대화를 나누기 위해 화장실에 들어갑니다. 정작 변기가 원래 용도로 사용되는 일은 드물어요.

물론 이것은 이제 통용이 되지 않습니다. 오늘날 화장실과 관련된 신체 현상은 금기가 아니니까요. 히치콕의 〈싸이코 Psycho, 1960〉 이전엔 변기도 등장시키지 않았던 할리우드지만 지금은 니콜 키드먼과 같은 대스타가 화장실에서 볼일을 보는 걸 구경하는 것도 전혀 이상한 일이 아닙니다. 요새 화장실 농담은 당연한 할리우드의 코미디 도구로 자리 잡았습니다.

비교해본다면 집의 화장실보다 공중화장실이 훨씬 많이 나오고 화장실과 관련된 행위 역시 훨씬 직접적으로 나온다는 걸 알 수 있을 겁니다. 그건 공중화장실에서 사람들이 상대적으로 더 무력하기 때문이지요. 예를 들어 가정 화장실에서 휴지가 떨어지는 건 재난이 아닙니다. 하지만 공중화장실은 사정이 다르죠. 그리고 공중화장실은 대부분 훨씬 직설적입니다. 많은 사람이 공중화장실에 볼일을 보러 가고 영화 속에도 사정은 다르지 않습니다.

성별에 따라 화장실의 의미도 달라집니다. 남자들의 경우 공중화장실은 폭력적이고 위험한 곳입니다. 변기는 물고문의 도구가 되고 불쾌한 타자를 만나 구타나 성희롱을 당할 수 있지요. 하지만 여자들의 경우 화장실은 사교의 공간입니다. 여전히 위험한 공간일 수 있으나 물리적 폭력의 무대가 되는 경우는 거의 없어요.

화장실은 공포물의 공간이기도 합니다. 하지만 문화에 따라 성격이 다르죠. 서구 영화의 화장실이 〈싸이코〉나 〈카피캣 Copycat, 1995〉, 〈할로윈 Halloween, 1978〉에서처럼 연쇄 살인의 무대라면 동양 영화에서는 유령들이 나오는 공간입니다. 이는 문화적인 차이이기도 하지만, 재래식 화장실이 수세식으로 바뀌는 속도와도 관련 있을 겁니다.

78

환상 서곡 - 로미오와 줄리엣

게임 '심즈'를 하다 보면 캐릭터들이 로맨틱한 무드에 빠지는 경우가 있어요. 이럴 때 우린 애들에게 키스를 시킬 수 있습니다. 둘이 서로에게 입술을 들이대는 순간 우린 로맨틱한 음악이 하나 흘러나오는 걸 듣게 됩니다. 바로 차이콥스키의 [로미오와 줄리엣-환상 서곡 Romeo & Juliet-Fantasy Overture]에 나오는 사랑의 테마입니다.

이 '로미오와 줄리엣'의 사랑의 테마는 언젠가부터 로맨틱한 분위기를 설명하는 가장 진부한 선택이 된 것 같습니다. 그러고 보니 은근히 코미디에 자주 나오는 음악이기도 해요. 두 코믹한 연인들이 사랑에 빠졌다는 사실을 보여주기 위해서는 그들의 눈에 핑크색 하트를 달아주고 이 음악을 틀면 됩니다.

왜 이 음악이 이렇게 잘 쓰이는 걸까요? 그건 곡 자체가 상당히 로맨틱하기 때문이죠. 림스키-코르사코프가 "러시아의 모든 음악 중에서 가장 아름다운 테마"라고 했던가요? 예쁜 선율은 귀에 잘 들어오며 감정을 자극합니다. 한마디로 좋은 곡이에요.

하지만 여기엔 조금 다른 이유도 있습니다. 자, 한 번 생각해 보세요. 현대 할리우드 영화 음악은 어디에 기원을 두고 있을까요? 사실 초기 할리우드 영화 음악의 선구자들은 대부분 전문 클래식 교육을 받은 작곡가들이었습니다. 그리고 그들에게 관현악법과 화성학을 가르쳤던 사람들은 대부분 유럽에서 건너온 19세기 작곡가들이었죠. 한마디로 할리우드 음악은 19세기 로맨티시스트들의 직계 후손인 셈입니다. 그중에서도 러시아 음악의 영향은 상당했어요. 러시아 혁명 이후 미국으로 망명해 온 음악선생이 한둘이 아니었으니 말입니다.

차이콥스키나 라흐마니노프의 음악이 종종 심각할 정도로 할리우드 영화 음악처럼 들리는 것도 그 때문이에요. 기본적으로 같은 종자들이거든요. 아마 아무런 정보 없이 라흐마니노프의 교향곡 2번 같은 곡을 듣는 사람들은 십중팔구 그 곡을 할리우드 영화 음악이라고 생각할 겁니다. [로미오와 줄리엣]이 '심즈' 캐릭터들의 사랑의 테마가 되어 버린 것도 그 때문입니다. 어느 순간부터 이 곡은 영화가 존재하지 않는 영화 음악이 되어 버렸습니다.

79

환생한 연인들

로맨틱한 판타지를 추구하는 영화들이 가장 생각 없이 써먹는 공식 중 하나입니다. 아마 가장 위험한 공식일 거예요. 징그러울 정도로 진부한데도 관객들이나 작가들이나 그 진부함을 제대로 눈치채지 못하니 말입니다.

환생 이야기의 핵심은 죽음을 초월한 사랑입니다. 과거에 맺어지지 못한 두 연인이 현대에 다시 태어나 연을 잇는다는 것이 가장 기본적인 공식이죠. 물론 여기엔 약간의 변형이 있습니다. 종종 죽는 대신 초자연적인 형태로 살아남았다가 현대에 다시 나타나 환생한 상대를 찾기도 합니다. 종종 이들의 적수나 연적 역시 같은 식으로 살아남았다가 둘을 괴롭히기도 하죠. 환생 시기가 짧아서 이전 시대에 살아남은 사람과 새로 환생한 사람이 만나는 경우도 있습니다. 꼭 환생을 다루지 않고 분위기만 잡아도 됩니다. 여러 차례 제작된 '미이라' 영화들에 모티브를 제공한 옛 영화 〈미이라 The Mummy, 1932〉에서 고고학자의 아내가 정말로 환생한 공주라는 증거는 없죠.

이들은 어떻게 만날까요? 어렵지 않습니다. 둘은 환생해도 늘 똑같은 모습으로 태어나거든요. 하지만 종종 이를 뒤집는 영화들도 있습니다. 〈번지점프를 하다 2000〉가 대표적이죠. 그러나 이런 영화도 '같은 모습으로 태어난다'라는 개념을 관객들이 인정했기 때문에 효과적이었던 것이랍니다.

왜 이런 이야기가 유행일까요? 우선 사람들이 환생을 믿기 때문입니다. 기독교처럼 종교적인 이유로 환생이란 개념을 거부했던 문화권에서도 이미 보편화된 소재였어요.

그리고 개념만 따진다면 로맨스 영화의 기둥으로 이처럼 좋은 게 없습니다. 한마디로 '죽음을 초월한 사랑'에 대한 이야기니까요. 우린 로맨스 영화가 다루는 사랑이 우리의 삶을 넘어선 어떤 초월적인 것이 되길 바랍니다. 환생한 뒤에도 그런 감정이 이어진다니 어찌 황홀하지 않겠습니까?

로맨스라는 장르가 기본적으로 과거 지향적이라는 것도 이유가 됩니다. 지금보다 화려하고 호사스러웠으며 극적이었던 과거에 대해 로맨틱한 향수를 품고 있습니다. 환생 이야기를 끌어들인다면 이런 로맨틱한 과거와 친숙한 현대를 연결해 그럴싸한 대리 충족을 줄 수 있습니다. 그냥 과거의 사람은 과거의 사람일 뿐이죠. 하지만 과거에 공주였던 사람이 현대에서 우리와 같은 삶을 살고 있다면 그 사람에게 몰입하는 건 쉬운 일입니다.

물론 이런 이야기를 쓴 훌륭한 영화들은 많습니다. 〈환생 Dead Again, 1991〉처럼 재미있는 스릴러 영화도 있고, 보리스 칼로프 주연의 〈미이라〉처럼 훌륭한 공포 영화도 있으며 〈옴 샨티 옴 Om Shanti Om, 2007〉처럼 넋 나갈 정도로 호사스러운 볼리우드(Bollywood) 뮤지컬도 있습니다. 하지만 이 영화들이 '훌륭한' 것은 단순히 이런 공식을 썼기 때문이 아닙니다. 그 이상을 했기 때문이죠.

환생 이야기는 믿을 수 없고 허풍스럽고 조잡한 이야기로 떨어지는 경우가 더 많습니다. 아무리 많은 사람이 환생을 믿는다고 해도 이런 이야기가 공상적이라는 사실은 부인할 수 없습니다. 당연히 사실적인 이야기와 판타지의 적절한 조율이 필요한데, 이걸 해내는 건 쉽지 않습니다.

이런 영화들이 극단적인 사랑의 완성을 추구한다는 것도 심각한 문제점입니다. 한마디로 죽자고 사랑만 추구하다 보니 감정의 입체성이 떨어집니다. 툭하면 괜한 비장감만 날리는 문화권에서 이런 이야기를 다룬다면 더 끔찍해질 가능성이 큽니다. 정작 핵심이 되어야 할 감정은 없어지고 그 빈 자리를 배우들의 똥폼이 채우는 거죠.

── 소설가이자 비평가였던 옴베르토 에코는 영화 〈카사블랑카〉에 관한 글에서 이렇게 말했다. '클리셰 2개는 웃기다. 클리셰 100개는 감동을 준다. 클리셰들이 서로 대화를 나누며 다시 만나 반가워한다는 것을 관객이 어렴풋이 느끼기 때문이다.'

클리셰가 없는 영화는 상상하기 힘들다. 많은 장르 영화에서 클리셰는 관객에게 알아보기 쉬운 신호를 보내서 이야기에 적응하도록 도와주며 유용한 역할을 한다. 간혹 에코의 말처럼 클리셰들이 더 복잡하게 결합하는 경우도 있으며, 한 작품 안에서 과거의 무수히 많은 영화가 복제된다. 하지만 보통 클리셰는 게으름 또는 비독창성의 산물에 불과하고 스크린에서 아무 감정도 일으키지 못한다. 가끔은 작가 본인이 클리셰를 쓰면서도 그게 클리셰인지 알아차리지 못하는 것처럼 보인다.

영화를 깊이 알려면 그 안에 담긴 클리셰를 보고 이해해야 한다. 듀나의 영화 클리셰 사전을 빠르게 훑어보면 몇 번이고 고개가 끄덕여지며 웃음이 나올 것이다. 클리셰 자체에 웃긴 성질이 있는 데다가 듀나는 예시 각각에서 불합리와 모순을 군더기 없이 설명한다. 반대로 이 책을 천천히 정독하면 또 다른 수확을 얻을 수 있다. 좋건 나쁘건 여러 방면에서 영화의 역사는 클리셰들 속에 기록돼 있기 때문이다. 다양한 클리셰에 익숙해지면 영화를 더 깊이 즐길 수 있으며, 나아가 영화를 새로운 시각으로 볼 수 있게 된다.

달시 파켓 영화 평론가/번역가

───── 사실 몇 가지 사심으로 이 책을 읽었다. 첫째, 듀나 작가의 오랜 팬으로서. 둘째, 앞으로 만들 영화에 이 책에 나온 클리셰만큼은 쓰지 않겠다는 일념으로.

듀나의 방대하고 치밀한 클리셰 데이터와 힘을 뺀 문체는 무척 유쾌하다. 종종 낄낄거리며 읽다가 '나 좀 보소 상징주의' 같은 클리셰 사례를 읽으면 몹시 뜨끔해진다. 또한 많은 클리셰가 소수자를 이용한 클리셰라는 것을 다시금 인식하게 된다. 아역 배우의 귀여움을 소비하는 큐피드 역할, 여자가 죽은 남자 인물들, 그리고 영화 속 동물은 왜 수컷만 나오는지에 대해 읽다 보면 이런 클리셰들이 어떤 식으로 관객의 마음속에 편견을 남겼을지 마음이 무거워진다. 나는 '영감을 얻는 예술가' 챕터가 무척 통쾌했다. 많은 영화가 예술가에게 찾아오는 장엄한 영감을 묘사한다. 이 심각한 클리셰에 대해 작가는 '창작은 구조를 위해 조립하고 균형을 잡아내는 수학적인', 즉 낭만과는 거리가 먼 노동이자 작업임을 분명히 한다.

영화를 만들 때 클리셰를 알고 사용하는 것과 모르고 사용하는 것은 분명 다를 것이다. 알았기에 안 쓸 것이라 장담할 수 없겠지만 최소한 다른 방식으로 쓰려고 노력할 것이다. 클리셰를 넘어 다르게 보기, 그것이 영화에 대한 사랑일 것이리라. 〈재미있는 영화 클리셰 사전〉도 그러하다. 이 책에는 신랄한 클리셰 비판이 담긴 것이 아니라 한 매체에 대해 오래도록 탐구해온 작가의 애정 어린 관찰이 담겨 있다. 영화를 사랑하는 사람이 쓴 영화 책을 읽는 것은 무척 귀하고 기분 좋은 일이다.

김보라 영화감독

남자 주인공에겐 없다

재미있는 영화 클리셰 사전

초판 1쇄 2020년 12월 23일

지은이 | 듀나

펴낸이 | 서인석
펴낸곳 | (주)제우미디어
출판등록 | 제 3-429
등록일자 | 1992년 8월 17일
주소 | 서울시 마포구 독막로 76-1 한수빌딩 5층
전화 | 02-3142-6845
팩스 | 02-3142-0075
홈페이지 | www.jeumedia.com

ISBN 978-89-5952-976-6 / 03680
      978-89-5952-977-3 (set)
파본은 구입하신 서점에서 교환해 드립니다.

제우미디어 트위터 | twitter.com/jeumedia
제우미디어 페이스북 | facebook.com/jeumedia

| 만든 사람들 |
출판사업부총괄 | 손대현
편집장 | 전태준
책임편집 | 안재욱
기획 | 홍지영, 박건우, 서민성, 양서경, 이주오
영업 | 김금남, 권혁진
디자인 총괄 | 디자인그룹올